1円でも多く
「会社と社長個人」に
お金を残す方法

今日もガッチリ資産防衛

財務コンサルタント
長谷川桂介
公認会計士・税理士
黒瀧泰介

ダイヤモンド社

はじめに

1円でも多く、合法的にお金を残す方法

「節税すればするほど、会社にお金が残らない」

そんなバカなと思うかもしれませんが、事実です。

多くの経営者の方が、節税とは「経費を増やして、税金を減らすこと」だと考えています。税金を減らすことに躍起になり、経費を無駄遣いして、減らした税金以上のお金を失っています。

優秀な経営者ほどハマる罠

経営者として、自社の売上や利益が拡大するのは非常に嬉しいことです。しかし、利益が増えれば増えるだけ、支払う税金も増えます。

「こんなに利益が増えたのに、税金を支払った後の手取りは、昨年とほとんど変わらない……」

こう思った方も決して少なくないでしょう。

一生懸命働けば利益は増える。しかし、税金を納めた後に残るお金が、がんばりに比例して増えないのであれば、なんだか不公平に感じてしまいますよね。

経営者なら、誰しもが経験するジレンマです。

その結果、多くの方が、「税金を払うのがもったいないから」と、次のような「節税のための節税」に躍起になっていきます。

節税のための節税は、会社を貧しくする

・社用車として高級外車を2台買う
・利益の大半を決算賞与として役員や従業員に支給する
・交際費を最大限まで使う
・来期以降に必要となる消耗品を大量に購入する

これらの節税策を使えば、確かに税金は減らせます。

しかし同時に、大きな問題が生じます。

会社のお金が、「減らした納税額」以上に減ってしまうのです。

このような節税策を続けていると、ちょっとした景気の変化や、経営判断の失敗ひとつで、会社が簡単に倒産してしまいます。

会社にとって、お金とは「血液」

ある経営者は、「税金を払うくらいなら会社の話題づくりに使おう」と考えました。都心に大きいオフィスを構え、会社の地下にバーをつくり、雨の日の来客には1本5000円の傘をプレゼントしていました。従業員の給料を高く設定し、福利厚生は全従業員で海外旅行に行くなど、対外的にも対内的にも大盤振る舞い。しかしその結果、不景気のあおりを受け、あっさり倒産してしまいました。

別のある経営者は、「税金を払うくらいなら、経費をたくさん使って快適に仕事をしよう」と考えました。決算期に高級な社用車を購入したり、備品を大量購入したり、取引先の接待を多く設けたりして、会社にお金が残らない状態にしていました。

しかしある期末、売掛金が回収できなくなり、買掛金を支払うことができず、やはりあっさりと倒産してしまいました。

ある飲食店のオーナーは順調だったため、節税を兼ねて借金をして2号店をオープンしました。しかし2号店の業績は振るいません。そこで、2号店の経営を自らてこ入れしようとしたところ、今度は1号店に目が届かなくなり、1号店の業績までが悪化しました。結果として借金が膨らみ、倒産してしまいました。

会社にとって、お金とは「血液」です。

たとえすべての臓器が健康な人でも、不慮の事故で大怪我を負い、大量に出血すれば死んでしまうように、決算書上は黒字であっても、お金が尽きてしまえば、会社はあっけなく倒産します。

もちろん、「それ以上に売上を増やしていくから問題ない!」と、攻めの経営を推進し、高くモチベーションを保ち、会社を成長させ続ける経営者の方もいらっしゃるでしょう。それはとても素晴らしいことです。

しかしここでお伝えしたいのは、そのような方こそ、「節税のための節税」ではなく「会社の富を拡大するための節税」を行えば、会社の成長をさらに加速させることができるということです。

会社を成長させ、人生も充実させる

節税とは、「会社の富を拡大する行為のひとつ」です。

毎年の利益額の変動に気を取られたり、小手先の節税に躍起になったりすることなく、会社のお金を1円でも多く残し、そのお金を会社の投資にまわし、会社をより成長させる。それこそが「会社を豊かにする節税」なのです。

もちろん、会社を成長させることだけが正解ではありません。残ったお金は「老後の蓄えにする」「海外旅行や趣味に使う」など、ご自身の人生を充実させるために使っていただいてもかまいません。

1円でも多くお金を残す！　最新法律にも完全対応！

申し遅れました。自己紹介をさせてください。

本書は、財務コンサルタントの長谷川桂介《はせがわけいすけ》と、公認会計士・税理士の黒瀧泰介《くろたきたいすけ》の共著になります。

長谷川は、投資や節税、資金調達、事業売却（M&A）など法人の財務に関する実務を経験してきた企業財政のエキスパートであり、経営するファミリーコンサルティング株式会社のコンサル実績は1800社を超えます。

黒瀧は、約1200社の税務支援を行う税理士法人の代表社員であり、税務顧問対応、ベンチャー・IPO支援、相続・事業承継対策など、経営者が抱える「税金とお金」のあらゆる悩みを日々解消しています。

世の中に「会社を豊かにする節税」を広めるべく、2人で運営しているYouTubeチャンネル「社長の資産防衛チャンネル」は、2023年10月1日現在で、チャンネル登録者数が16万人を超えました。

長谷川が繰り出す、現役経営者ならではの率直な悩みに、税理士である黒瀧が答えるスタイルが、好評をいただいているようです。

本書はYouTubeのスタイルを踏襲し、長谷川と黒瀧の会話形式で展開しつつ、「1円でも多く、合法的にお金を残す方法」をお伝えしていきます。2023年10月1日から始まったインボイス制度等、最新法律にも完全対応しております。

では、さっそく次ページより始めていきます。

どうぞリラックスして読み進めてください。

本書で提案したい「3つのテーマ」

「みなさん、はじめまして。私は税理士の黒瀧泰介です。約1200社の税務支援を行う税理士法人グランサーズの代表社員として、税務顧問相談やベンチャー・IPO企業支援、資金調達支援、事業承継支援など、経営者が抱える『税金とお金』のあらゆる悩みを日々解決しています」

「コンサルティング会社を経営している長谷川桂介です。税金の悩みについて、いつも黒瀧先生に相談に乗ってもらっています」

本書で提案したいテーマは、次の3点です。

テーマ①　節税して会社に1円でも多くお金を残し、設備や人員への投資をはじめ

とした「さらに利益をあげ、会社を大きくするための施策」を打ちやすくする

テーマ②　節税して社長個人に1円でも多くお金を残し、万が一のときに会社と共倒れにならない資産の基盤をつくるとともに、勇退時の潤沢な退職金の準備をする

テーマ③　潜在的な内部留保を増やして、突然の赤字や不況に備える

「つまり……どういうことですか？」

「イメージしやすくするために、まずは何も節税しなかった場合を考えてみましょうか」

現行の日本の税制では、利益が出たタイミングで大きな課税がされます。

たとえば４０００万円の利益が出たとしましょう。実効税率を34％と仮定すると、４０００万円のうち１３６０万円を税金として納めなければなりません。

手元に残るのは、２６４０万円です。

そしてその２６４０万円の中からさらに、翌年、中間納付として７００万～８００万円を持っていかれます。すると自由に使えるお金は１８４０万～１９４０万円だけです。「さすがに厳しい」と言いたくなるのが正直なところでしょう。

そもそも、4000万円の利益をあげるのにも、かなりの先行投資を行っているはずです。今後、それ以上に利益をあげ、会社をより大きくしていこうと目論んでいるのならば、さらに大きな投資が必要になります。

しかし、いくら利益をあげても、残るお金が利益の半分以下になってしまうのでは、打てる施策は限られてしまう……そこで、会社に残るお金を増やし、「次の一手」を打ちやすくしようというのが、「テーマ①」です。

「なるほど、よくわかりました！」

「テーマ①は、会社に1円でも多くお金を残す、という話ですね。続いてのテーマ②は、社長個人にお金を残す話です。自ら起業した経営者の多くは、創業時、お金の面で『かなりの無理』をしています」

「ギクッ！」

「あはは！　ハセさんもそうでしたか」

「世の中の社長はみんな大金持ち」なんて幻想です。現実には、創業からしばらくはお財布がすっからかんの状態になっている社長も珍しくはありません。「どうしたら自分や家族に1円でもお金を残せるか」は、お金に汚い・汚くないといった次元の話ではなく、切実な問題なのです。

この「テーマ②」も、本書で解決できます。一例をあげると、「経営セーフティ共済」や「役員退職金」といった制度を活用することにより、節税しながら、会社経営から退いたときのためのお金も積み立てることができます。

「つまり本書を読めば、会社をより大きくするための策を打ちやすくなり、会社が潰れにくくなり、なおかつ社長個人の資産面も安定すると」

「その通りです！　最後のテーマ③は、突然の赤字や不況への備えとして、『会社外』に内部留保を増やし、セーフティーネットを作ることです」

当然のことながら、いつまでも黒字が続くとは限りません。どんなに順調な会社でも、大きな設備投資をしたり、上場を目指したりしたタイミングでさまざまな費用がかさみ、赤字に転じる可能性はあります。また、コロナ禍のような予測不能な事態も起こるのが現実です。

赤字になったら、どこも助けてはくれません。金融機関から融資を受けるためには、

「黒字を出し続けている」という事実が必要になります。

「赤字の会社に対して、銀行の目はシビアですよね」

最終的に頼りになるのは自社の内部留保だけです。しかし前述の通り、日本の税制では、内部留保が残りづらい構造になっています。

「いざとなったら、頼れるのは自分のみですよね」

「そこで切り札となるのが、第5章でご紹介する『簿《ぼ》外《がい》資《し》産《さん》』です」

簿外資産とは、会計帳簿には表れない資産のことです。字面的には怪しい響きですが、れっきとした合法の資産です。

黒字が続いているときには、利益を簿外資産にして「利益の繰り延べ」を行い、赤字になってしまいそうなときには、簿外資産を現金化して利益を確保する。すると、黒字を維持できるばかりか、結果的には節税にもなります。簿外資産という、いわば「潜在的な内部留保」を活用することで、会社を潰れにくくすることができるのです。

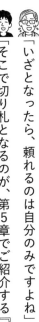

本書で提案したい「3つのテーマ」

会社に1円でも多くお金を残し、
経営を盤石にする

社長個人に1円でも多くお金を残し、
人生の充実度を上げる

「会社外」に1円でも多く内部留保を増やし、
赤字や不況に備える

これが「テーマ③」ですね。

最後に、「お金を残す」というテーマと切っても切れないのが、税務調査です。個人・法人を問わず、ある日突然やってくるものですが、税務署も完全にランダムで選んでいるわけではありません。

やはり「税務調査を受けやすい会社(個人)」、あるいは「税務調査を誘発する行動」は明確に存在します。備えあれば憂いなし。第6章では、税務調査対策のカンドコロも徹底的に解説します。

「このように本書では、合法ノウハウをあますところなく紹介し、あなたの資産の維持・拡大を全面的にバックアップします」

「よろしくお願いします！」

会社を潰したいと思っている社長はいません。誰もが、会社を継続させたいと思って経営をしています。そしてできるならば、会社が継続する可能性を極限まで高めたい。これがすべての経営者に共通する心理です。

本書には、その助けとなる、会社と社長個人に1円でも多くお金を残すためのノウハウを、可能な限り詰め込みました。

確実に、役に立ちます。

本書が、あなたが打つ「次の一手」のサポートとなれるのであれば、著者としてこれに勝る喜びはありません。

2023年10月

長谷川桂介　黒瀧泰介

目次

第2章

税金を徹底カットする4大奥義

第3章

1円でも多くお金を残す「税務戦略」

第4章

不動産運用で効率的にお金を残すテクニック

第5章

「会社外」に1円でも多くお金を貯める方法

第6章

税務署も諦める！「お金を守る」鉄壁マニュアル

※本書の内容は、2023年10月1日現在の情報にもとづいています。本書で紹介した各種制度の詳細については、公式サイト等をご参照ください。本書はわかりやすさを優先し、会計税務に馴染みがない方でもイメージしやすいよう、本書ならではの定義・表現をしている箇所もあります。本書の内容によって生じた損害、および本書の内容にもとづく運用の結果生じた損害について、著者および株式会社ダイヤモンド社は一切責任を負いませんので、あらかじめご了承ください。

第1章

「会社と社長個人の手取り」をいきなり増やす方法

1円でも多くお金を残す「役員報酬の黄金ルール」

利益を出しても手元にお金が残らない……どうすればいい？

「さっそく、1円でも多く会社と社長個人にお金を残すための作戦を練っていきましょう。まずは、ハセさんのような法人代表の方から相談をいただくことの多い、『役員報酬の設定』から見ていきます」

「役員報酬額を変えるということですか？」

「はい。実は役員報酬の設定次第で、会社と社長個人に残るお金に大きな違いが出てくるんですよ」

そもそも「1円でも多く会社と社長個人にお金を残す」とはどういうことなので

「社長と会社の手取り」はこう決まる！

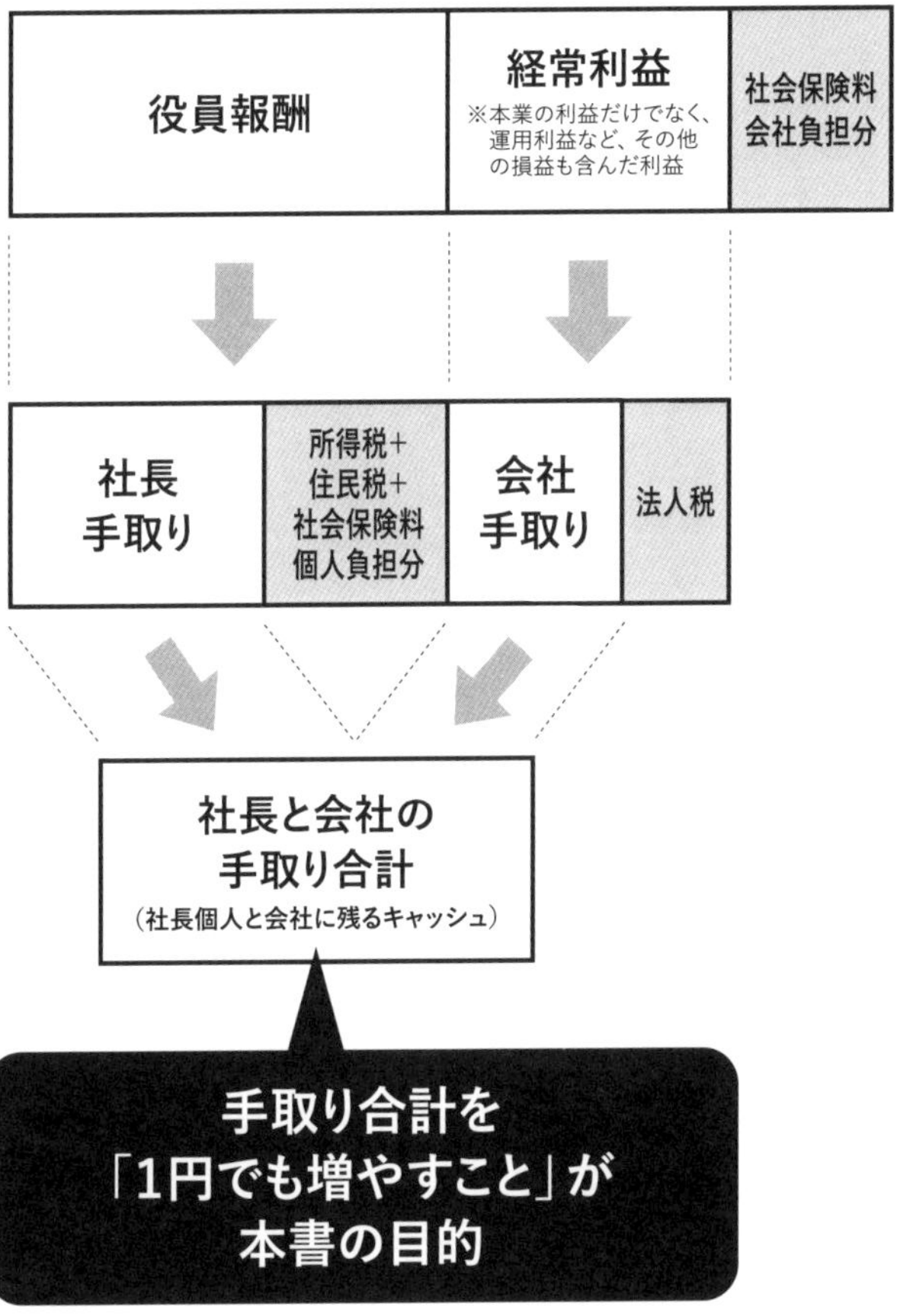

しょうか。前ページの図をご覧ください。

会社があげた利益は、「役員報酬」「経常利益（税引前当期純利益と同じと仮定）」「社会保険料会社負担分」の3つに分類することができます。

役員報酬には「所得税」「住民税」がかかるうえ、「社会保険料の個人負担分」もあります。そして経常利益には「法人税」がかかります。

これらを差し引いた、いわゆる「手取り」を最大化することが、「1円でも多くのお金を、会社にも社長個人にも残す」ことになります。

手取りをとことん増やす「ベストな役員報酬額」を公開！

「じゃあ先生、役員報酬をいくらに設定すれば、会社と個人の手取りを最大化することができるんですか？」

「せっかちですね！　わかりました。ではまず、結論から見ていきましょう」

パターン①　経常利益＋役員報酬の合計が1000万円の場合

役員報酬額を100万〜200万円にすると最大化できる

パターン②　経常利益＋役員報酬の合計が2000万円の場合

役員報酬額を500万〜600万円にすると最大化できる
ただし700万〜1000万円のレンジも多い

パターン③　経常利益＋役員報酬の合計が3000万円の場合

役員報酬額を500〜600万円にすると最大化できる
ただし700万〜1200万円のレンジも多い

これが、会社と社長個人に最も多くのお金が残る設定です。

※前提条件として「経営者1人のみの法人、従業員ゼロ。売上は毎年安定して同水準。40歳未満。東京都在住。配偶者・扶養家族なし。交通費0円」を想定

「ありがとうございます！　では、①〜③の『ベストな役員報酬額』を算出した根拠を教えてください！　もちろん『なんとなく』ではありませんよね……？」

「はい、もちろん、れっきとした根拠があります。ただ、ちょっと複雑ですから、まずは『個人に残るお金（役員報酬と所得税・住民税）』と『会社に残るお金（経常

利益と法人税)』の両面を見ながら、役員報酬額設定についての基本的な考え方を見ていきましょう」

「個人に残るお金」はこう決まる!

基本的には次ページの図のように、役員報酬が上がれば上がるほど、所得税・住民税の負担は増えます。

課税所得が4000万円を超えると、所得税は実に45%、さらに住民税が10%かかりますから、所得税と住民税の合計で55%もの税金を持っていかれる計算です。

個人の手取りを考えるうえでは、役員報酬は下げられるだけ下げたほうが、所得税と住民税の負担は減ることになります。

社会保険料についても基本的に考え方は同じです。役員報酬が上がれば上がるほど、社会保険料の負担は増えます。社会保険料の負担は労使折半で行われますから、役員報酬を高く設定すると、会社と社長個人のどちらも手取りが減ることにつながってしまいます。

ただ社会保険料の場合、一定の報酬を超えると、負担金額は増えなくなります。そのため、会社の利益が大きくなればなるほど、役員報酬も大きくすることで、社会保険料負担の相対的な割合は下がっていきます。

経常利益400万円、800万円の壁

「続いて、『会社に残るお金』の観点から見ていきます。ハセさん、ついてきていますか？」

「……はい、なんとか大丈夫です！」

経常利益は、次ページの図のように、3つの税率区分に分かれています。

実効税率ベースで、経常利益400万円以下の部分には約20％、経常利益400万円超800万円以下の部分には約25％、経常利益800万円を超過している部分には約34％の税がかかります。

役員報酬が上がれば上がるほど、税負担も上がる！

所得税の速算表

課税される所得金額	税率	控除額
195万円以下	5%	0円
195万円超、330万円以下	10%	97,500円
330万円超、695万円以下	20%	427,500円
695万円超、900万円以下	23%	636,000円
900万円超、1,800万円以下	33%	1,536,000円
1,800万円超、4,000万円以下	40%	2,796,000円
4,000万円超	45%	4,796,000円

Case **課税所得が1,000万円の場合**
所得税は、1,000万円×0.33−1,536,000円＝1,764,000円となる

経常利益がどれくらいの大きさになるかは、注意深く気を払わなければなりません。

さきほど述べたように、役員報酬を多く設定すると、個人としての所得税・住民税の負担は大きくなります。しかしそうかといって、役員報酬を少なく設定すれば、個人の所得税・住民税・社会保険料は抑えることができますが、経常利益は大きくなり、法人税を多くとられてしまいます。

役員報酬額の設定は、「会社としての法人税負担」と「個人としての所得税・住民税・社会保険料の負担」のバランスを見ながら行う必要があるのです。

経常利益からどれだけ税金が引かれる?

経常利益	法人実効税率 法人の所得金額に対する法人税、地方法人税、住民税、事業税の額の合計額の割合
400万円以下	約20%
400万円超800万円以下	**約25%**
800万円超	**約34%**

※資本金1億円以下の法人の場合。簡便的に「経常利益=税引前当期純利益=課税所得」としています

経常利益が400万円超えか、800万円超えかで、税金は大きく変わる!

役員報酬が高いと損をする？　そのメカニズム

「役員報酬額設定の基本的な考え方はよくわかりました。そのうえで改めて、『ベストな役員報酬額』の根拠を教えてください！」

「わかりました！　いよいよですね」

まずは**パターン①（経常利益＋役員報酬の合計が1000万円の場合）**から見ていきます。経常利益＋役員報酬の合計が1000万円と仮定し、役員報酬を0円から100万円刻みで1000万円まで設定したのが、次ページのシミュレーションです。

最も「会社と社長個人の手取り合計」が大きいのが、「役員報酬額100万～200万円」のレンジである743万円となります。

逆に最も「手取り合計」が少なくなるのが、役員報酬を1000万円に設定するケース。つまり「利益をすべて役員報酬にあててしまったケース」です。会社負担の社会保険料で利益がなくなり、132万円の赤字になってしまっているうえに、手取り額としても596万円にとどまっています。

「役員報酬額100万～200万円」に設定した場合と、「役員報酬額1000万円」

の場合では、手取り合計で147万円もの差が出てしまうことになります。

「経常利益と役員報酬を合計して1000万円の規模でも、役員報酬の設定次第で100万円以上の差が出てしまうんですね！　恐ろしい……」

「本当ですね。同じように、パターン②（合計が2000万円）、パターン③（合計が3000万円）も見ていきましょう。パターン②では『役員報酬額は500万〜600万円のレンジ』、パターン③でも『役員報酬額は500万〜600万円』のレンジが最も手取り合計が大きくなりますね」

「経常利益+役員報酬が1000万円」の場合

単位：万円

役員報酬控除前利益　1000万円											
NO	役員報酬	所得税住民税	社会保険料個人負担分	社会保険料・税金個人負担分合計	個人手取り	役員報酬控除後利益	社会保険料会社負担分	社会保険料控除後利益	法人税	法人税引き後利益	個人法人手取り合計
1	0	0	0	0	0	1000	0	1000	270	730	730
2	100	0	15	15	85	900	15	885	227	658	743
3	200	9	29	38	162	800	30	770	189	581	743
4	300	18	44	62	238	700	45	655	160	495	733
5	400	26	58	84	316	600	59	541	132	409	725
6	500	38	70	108	392	500	71	429	104	325	717
7	600	52	85	137	463	400	87	313	77	236	699
8	700	70	100	170	530	300	103	197	51	146	676
9	800	94	112	206	594	200	115	85	26	59	653
10	900	122	116	238	662	100	120	-20	7	-27	635
11	1000	151	121	272	728	0	125	-125	7	-132	596

※前提は「交通費0円、扶養家族なし、40歳未満、東京都在住」

最も手取りが多いのは、100万〜200万円のレンジ

「経常利益＋役員報酬が2000万円」の場合

単位：万円

役員報酬控除前利益　2000万円											
NO	役員報酬	所得税住民税	社会保険料個人負担分	社会保険料・税金個人負担分合計	個人手取り	役員報酬控除後利益	社会保険料会社負担分	社会保険料控除後利益	法人税	法人税引き後利益	個人法人手取り合計
1	0	0	0	0	0	2000	0	2000	638	1362	1362
2	100	0	15	15	85	1900	15	1885	595	1290	1375
3	200	9	29	38	162	1800	30	1770	553	1217	1379
4	300	18	44	62	238	1700	45	1655	511	1144	1382
5	400	26	58	84	316	1600	59	1541	469	1072	1388
6	500	38	70	108	392	1500	71	1429	427	1002	1394
7	600	52	85	137	463	1400	87	1313	385	928	1391
8	700	70	100	170	530	1300	103	1197	342	855	1385
9	800	94	112	206	594	1200	115	1085	301	784	1378
10	900	122	116	238	662	1100	120	980	262	718	1380
11	1000	151	121	272	728	1000	125	875	224	651	1379
12	1100	180	127	307	793	900	131	769	188	581	1374
13	1200	213	130	343	857	800	134	666	163	503	1360
14	1300	246	137	383	917	700	141	559	136	423	1340
15	1400	288	140	428	972	600	145	455	110	345	1317
16	1500	328	148	476	1024	500	153	347	85	262	1286
17	1600	371	151	522	1078	400	157	243	61	182	1260
18	1700	413	155	568	1132	300	161	139	38	101	1233
19	1800	457	155	612	1188	200	161	39	16	23	1211
20	1900	500	155	655	1245	100	161	-61	7	-68	1177
21	2000	544	155	699	1301	0	161	-161	7	-168	1133

※前提は「交通費0円、扶養家族なし、40歳未満、東京都在住」

**最も手取りが多いのは
500万～600万円のレンジだが、
700万～1000万円のレンジも多い**

**会社に1円も残さない形だと、
総手取りは250万円以上損をする！**

「経常利益＋役員報酬が3000万円」の場合

単位：万円

役員報酬控除前利益　3000万円											
NO	役員報酬	所得税住民税	社会保険料個人負担分	社会保険料・税金個人負担分合計	個人手取り	役員報酬控除後利益	社会保険料会社負担分	社会保険料控除後利益	法人税	法人税引き後利益	個人法人手取り合計
1	0	0	0	0	0	3000	0	3000	1,023	1977	1977
2	100	0	15	15	85	2900	15	2885	980	1905	1990
3	200	9	29	38	162	2800	30	2770	937	1833	1995
4	300	18	44	62	238	2700	45	2655	894	1761	1999
5	400	26	58	84	316	2600	59	2541	852	1689	2005
6	500	38	70	108	392	2500	71	2429	795	1634	2026
7	600	52	85	137	463	2400	87	2313	753	1560	2023
8	700	70	100	170	530	2300	103	2197	710	1487	2017
9	800	94	112	206	594	2200	115	2085	669	1416	2010
10	900	122	116	238	662	2100	120	1980	630	1350	2012
11	1000	151	121	272	728	2000	125	1875	592	1283	2011
12	1100	180	127	307	793	1900	131	1769	553	1216	2009
13	1200	213	130	343	857	1800	134	1666	514	1152	2009
14	1300	246	137	383	917	1700	141	1559	475	1084	2001
15	1400	288	140	428	972	1600	145	1455	437	1018	1990
16	1500	328	148	476	1024	1500	153	1347	397	950	1974
17	1600	371	151	522	1078	1400	157	1243	359	884	1962
18	1700	413	155	568	1132	1300	161	1139	321	818	1950
19	1800	457	155	612	1188	1200	161	1039	284	755	1943
20	1900	500	155	655	1245	1100	161	939	247	692	1937
21	2000	544	155	699	1301	1000	161	839	210	629	1930
22	2100	588	155	743	1357	900	161	739	181	558	1915
23	2200	631	155	786	1414	800	161	639	156	483	1897
24	2300	682	155	837	1463	700	161	539	131	408	1871
25	2400	733	155	888	1512	600	161	439	106	333	1845
26	2500	784	155	939	1561	500	161	339	83	256	1817
27	2600	843	155	998	1602	400	161	239	60	179	1781
28	2700	910	155	1065	1635	300	161	139	38	101	1736
29	2800	961	155	1116	1684	200	161	39	16	23	1707
30	2900	1011	155	1166	1734	100	161	-61	7	-68	1666
31	3000	1062	155	1217	1783	0	161	-161	7	-168	1615

※前提は「交通費0円、扶養家族なし、40歳未満、東京都在住」

最も手取りが多いのは500万～600万円のレンジだが、700万～1200万円のレンジも多い

ちなみに、パターン②で最も手取り合計が少なくなるのが、役員報酬額を2000万円に設定した場合。パターン③で最も手取り合計が少なくなるのが、役員報酬額を3000万円に設定した場合です。

「全体的に見ると、役員報酬を低めに抑えたほうが、合計手取りが増えるんですね。なんとなく『役員報酬を高く設定したほうが、会社にとっては節税効果があり、個人も嬉しくて一石二鳥』と思っていたので意外でした！」

「そうなんです。加えていえば、パターン②では役員報酬額を『500万～600万円』に設定しても『700万～1000万円』に設定しても手取り合計はほぼ同じですが、あえて『500万～600万円』に設定し、会社に利益を残すほうが得策なんです」

「それはなぜですか？」

「会社の場合、損金として算入しながらお金を蓄える機能を持った積み立てを使うことができますし、退職金準備や役員社宅などの制度を活用して損金算入できる手段もたくさんあります」

「損金……とはなんですか？」

損金とは、「税務上認められた支出」を指します。同じ支出でも、「費用」は「会計上の支出」を指し、損金と費用は似て非なるものです。

たとえば、無理矢理にでも節税しようと、プライベートで豪華な食事をして、会社の名義で領収書を切ったとします。これは確かに、会社にとっての「費用」となりますが、税務署はこんな小手先の技、すぐに見抜きます。会議費や交際費といった「損金」としては認められませんから、節税効果はゼロです。

「節税を考えるうえでは、『支出を損金として算入できるかどうか』がとても大事なポイントになるんですね。そして、法人にのみ認められている損金算入のテクニックを使えば、将来のキャッシュをより多く増やすことができます」

「テクニック、ですか？」

「そうです。役員報酬額をうまく設定して、手取りを最大化し、さらにテクニックを使って、手元に残るお金を最大化する。こうすることで、『1円でも多く会社と社長個人にお金を残す』を実現できます」

「先生！　そのテクニックをさっそく教えてください！」

「わかりました！　では次項で、テクニックを3つ紹介します！」

手取り合計を1円でも増やす極意

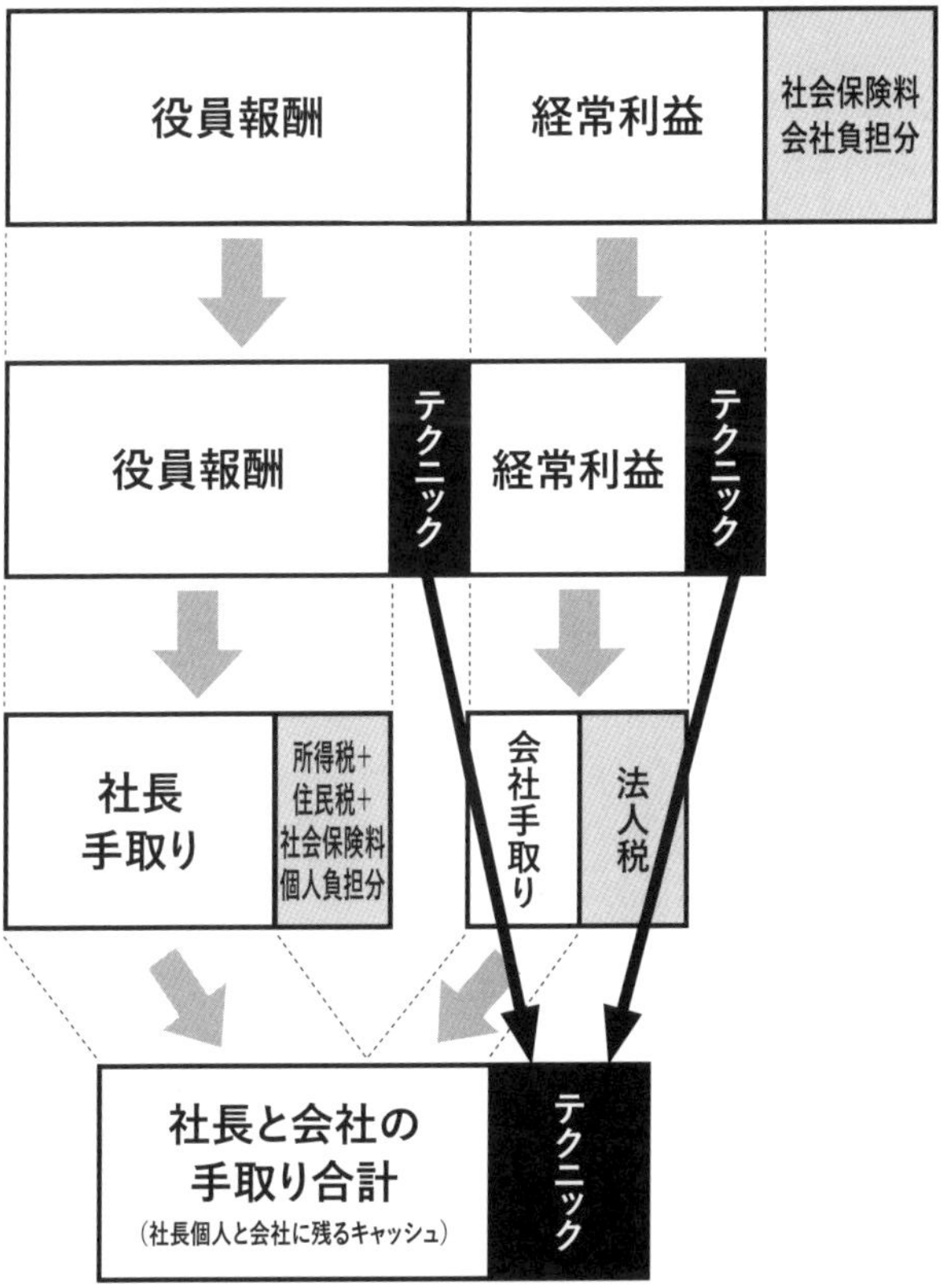

テクニックを駆使して、
1円でも多くお金を残す！

手取りをいきなり増やす「3つのテクニック」

①年間240万円の利益を無税にできる「経営セーフティ共済」

経営セーフティ共済とは、掛金をすべて損金算入させながらお金を貯めることができる制度です。経営セーフティ共済を活用することで、法人税を軽減できます。

掛金は年間240万円までですが、そのすべてが損金になりますから、「経常利益を抑えられる（＝利益を繰り延べできる）共済」といえます。

「これはつまり、年間240万円の利益を無税にできる、ということでしょうか？」

「そうです！　しかも応用技を使えば、もっと多くの利益を無税にすることができます！」

掛金の前納制度を活用すれば、年間最大で４６０万円を経費にすることもできます。決算初月から毎月20万円を払って、期末に翌期1年分を年払いで２４０万円支払います。すると、20万円×11カ月分（２２０万円）＋２４０万円（12カ月分）で４６０万円を経費にできます。突発的な利益が出たときに、この仕組みが使えないかどうか、ぜひ検討してください。

「４６０万円はすごいですね！」

「前納には事前の手続きが必要なので、気をつけてくださいね」

「ほかに何か注意点はありますか？」

「そうですね、経営セーフティ共済には加入要件があります。1年以上事業を継続している必要があり、製造業・小売業・サービス業といった業種ごとに、資本金や従業員数の要件が決まっています。これから加入される方は、経営セーフティ共済を運営している中小企業基盤整備機構のＨＰをご確認ください」

②会社と社長がトクをする一石二鳥の「役員社宅」制度

役員社宅制度とは、「役員の賃貸住宅の賃料を会社が負担することで、賃料を会社の経費にすることができる」というものです。

個人で賃貸住宅の家賃を支払う場合は、単なる「個人の支出」ですが、役員社宅制度を活用することで、賃料の50％を会社に負担してもらうことができます。会社負担分は経費にできます。個人の出費は減りますし、会社の法人税負担を軽減することもできる。一石二鳥です。また、役員社宅制度を導入し、そのぶん役員報酬を減額すれば、結果として、会社と役員の負担する社会保険料を抑えることもできます。

「会社と社長個人、両方にメリットがあり、夢のような制度ですね」

「そうですね。ただ、注意点が3つあります。①賃貸契約は法人名義で行う、②支払いも法人が直接行う、③必ず役員本人が家賃の一部を負担する、です。この3つを守らないと、この制度を活用することができません。また、賃貸借契約を切り替えるのは少し手間がかかりますので個人名義のままにし、法人で経費精算する方法をたまに見かけますが、法人契約が必要になりますのでご注意ください」

③社長の手取りを増やし、会社の節税になる「出張手当制度」

出張手当とは、役員や従業員が出張する際、その人に対してあらかじめ定められた額として支払われるものです。交通費や宿泊費、食事代といった実費精算される経費とは別物であることに注意が必要です。

出張手当は、会社としては法人税の節税になり、出張する個人としても手取りの増加につながります。こちらも一石二鳥の制度といえます。ただ、「出張旅費規程」という社内ルールをつくる必要があり、詳細は１１７ページで解説します。

「先生ありがとうございます！　役員報酬をぐーんと下げて、３つのテクニックを使えば完璧ですね！　……ただそれだと、どんなに高い業績をあげても、私の懐に入るお金はそんなに増えないということになりませんか？　社長なんですから、がんばって稼いだ分は報酬をもらいたいです！」

「そうなんです。そこはとても重要なポイントなんです。次項で改めて、『会社と社長個人、どちらにお金を多く残すべきか』を掘り下げてみましょう」

会社と社長個人、どちらにお金を多く残すべき?

「会社に多くのお金を残すべき」と言い切れない理由

前項では、役員報酬を低めに設定し、かつ「3つのテクニック」を使えば、大きく節税できて会社により多くのお金を残せると述べました。

ただこれは、社長のプライベートをまったく考慮に入れない場合の話です。

「役員報酬を下げる」とは、社長個人にとっては「額面上の収入が下がる」ことを意味しますから、たとえば住宅ローンをはじめとした各種ローンの審査で不利に働くことも考えられるわけです。

「『待ってくれ！　役員報酬が少ないのは節税対策をしているからで、俺の収入はもっと多いんだ！』……なんて、言えないですもんね」

「おっしゃる通りですね。ただ、節税に躍起になるあまり、自分の生活が破たんしてしまっては本末転倒です。そこで本項では、会社と社長のそれぞれに多くお金を残した場合のメリット・デメリットを比較してみましょう」

「お願いします！」

会社にお金を残すメリット

会社にお金を残すメリットから見ていきます。主に、次の2つです。

メリット①　税率で有利になる可能性がある
メリット②　融資が受けやすくなる

まずは「**メリット①　税率で有利になる可能性がある**」です。

住民税・事業税などを合わせた中小企業の実効税率は約34％です。一方、所得税は累進課税となっていて、最高税率は45％、住民税10％と合わせると最高で55％にもな

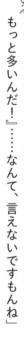

ります（控除額を考慮に入れない場合）。下の図をご覧いただくとわかるように、ポイントとなるのは所得税の税率が33％に上がるところです。課税所得９００万円を超えると、所得税に住民税を足した税率（所得税33％＋住民税10％＝43％）が、法人税の実効税率（約34％）より高くなるのです。

「課税所得９００万円までは、所得税23％と住民税10％と合わせても税率33％なので法人税率の34％より低いんですね。でも、課税所得９００万円のラインを超えてくると、所得税＋住民税の税率が法人税の実効税率よりはるかに高くなってしまうんですね」

役員報酬が上がれば上がるほど、税負担も上がる！

所得税の速算表

課税される所得金額	税率	控除額
195万円以下	5%	0円
195万円超、330万円以下	10%	97,500円
330万円超、695万円以下	20%	427,500円
695万円超、900万円以下	23%	636,000円
900万円超、1,800万円以下	33%	1,536,000円
1,800万円超、4,000万円以下	40%	2,796,000円
4,000万円超	45%	4,796,000円

Case 課税所得が1,000万円の場合
所得税は、1,000万円×0.33−1,536,000円＝1,764,000円となる

「そうなんです。ここが累進課税の恐ろしいところで、個人での稼ぎが多くなればなるほど、法人税より負担が大きくなってしまうんです。この高い税率を払うぐらいなら、会社に利益を残して法人税を払ったほうが、税金的にはトータルで有利になるんですね」

「課税所得900万円のラインに気をつけます」

続いて、「**メリット② 融資が受けやすくなる**」です。会社に多くお金を残すことで、会社の財務体質は強化されます。

内部留保が多ければ倒産リスクも低くなりますから、金融機関からの信頼が厚くなり、融資を受ける際にも有利に働くのです。

「融資にも有利になるんですね。その発想はなかったです。融資で新たな事業へ投資を行い、利益を得て、さらに内部留保を拡大していく……という、よい循環が生まれそうですね！」

「はい！　節税して手元にキャッシュを残すことで、会社を発展させるための事業基盤をつくることができるんです」

会社にお金を残すデメリット

「ただ、会社にお金を残すことには、デメリットも伴います」

デメリット①　お金の自由度が低い
デメリット②　役員貸付金が発生し、融資が受けづらくなる可能性がある

まずは「**デメリット①　お金の自由度が低い**」です。
会社の財布と社長の財布は、まったくの別物です。法人の資金の使い道は、事業資金や社宅、社用車、交際費といった、ビジネスに関わるものに限定されます。キャッシュの自由度は、個人のお金と比べると低いと言わざるを得ません。

「たとえば、私が趣味で行く海釣りにかかる費用は、会社の財布から出したらまずいということですよね……？」

「そうです。私費への流用は絶対にダメ！」

続いて「**デメリット②　役員貸付金が発生し、融資が受けづらくなる可能性がある**」です。

たとえば、会社に多くのお金を残そうとして、社長の役員報酬を「月10万円」と、極端に少なくしたとしましょう。

役員報酬を低くしたことで、社会保険料や所得税の支払いは下がります。しかし、月10万円で生活するのは至難の業です。足りなくなった場合、役員は、「役員貸付金」として会社からお金を借りることができるのですが、あまりにも役員貸付金が多すぎると、会社が融資を受けにくくなってしまう可能性があるのです。

「それはなぜですか？」

「金融機関は、『期日までにきちんと返済してくれるか』『お金が適切に使われるか』の2点を融資の判断材料にします。決算書に多額の役員貸付金が記載されている場合、貸したお金が会社の事業に使われず、社長個人や、ほかの会社に流用されると判断され、金融機関は融資に二の足を踏んでしまうんですね」

「会社にお金を残しすぎるあまり、『メリット②　融資が受けやすくなる』を享受できなくなってしまうのでは本末転倒ですね」

「その通り。ですから、会社に多くお金を残すとしても、最低限、会社からお金を借りなくてもすむような額を役員報酬として設定する必要があるんです」

大切なのは、自分の生活とのバランス

今度は、役員報酬を高めに設定して、社長個人にお金を多く残す場合を考えてみましょう。メリットとデメリット、一気にいきます。

メリット　お金の自由度が高い

デメリット　税金・社会保険料が増加する

「結局、『会社にお金を残す場合』のメリット・デメリットと裏表の関係になっているんですね」

「その通りですね。そのため、節税面だけを考えたら『会社にお金を多く残す』のが効果的なのですが、最終的には自分の生活とのバランスを考えながら役員報酬額を設定していただくことになります」

家族に給料を払い、「役員」にして手取りを最大化する

「役員報酬の損金算入」2つのルール

中小企業が節税を考えるうえで、「役員報酬」がとても重要な役割を占めることがわかりました。

役員報酬は、ルールをしっかり守れば損金算入できますから、設定次第で節税効果が高くなります。しかし間違えると、逆に税の負担が大きくなってしまうこともあります。

「それは困っちゃいますね」

「そうですよね。ですから、まずは『役員報酬の損金算入ルール』を一緒に確認していきましょう」

「お願いします！」

ルール① 定期同額給与

定期同額給与とは、「毎月同じ額を支払う」ことです。毎月同じ額で支払われている役員への報酬は、会社の損金にすることができます。

これはいわゆる「役員報酬」であり、一般的な会社員における「給与（サラリー）」のイメージです。

「毎月の報酬額が同じであれば、会社の経費にできるってことですね。これって、一度報酬額を決めたら、永遠に変えられないんですか？」

「いえ、1年ごとに変更できます。ただしその場合は、新しい事業年度が始まってから3カ月以内に変更する必要があります」

「新しい事業年度が始まってから3カ月以内ですか……。すると、たとえば後半の業績が好調だった場合、後から役員報酬を上げたりするのはダメなんですね？」

「それは認められません。たとえば下の図のように、特段の理由なく、12月からの報酬を30万円上げて支給した場合、定期同額から外れた部分、つまり12月から3月までの4カ月×30万円＝120万円は損金にできません」

「なるほど。儲かったからといって、好き勝手にはできないんですね。毎年、利益額を予測して、計画的に設定するようにします」

ルール② 事前確定届出給与

2つ目のルールは、「いつ、いくら賞与を支給するかをあらかじめ届け出ておき、その通りに支給する」というものです。

定期同額給与の仕組み

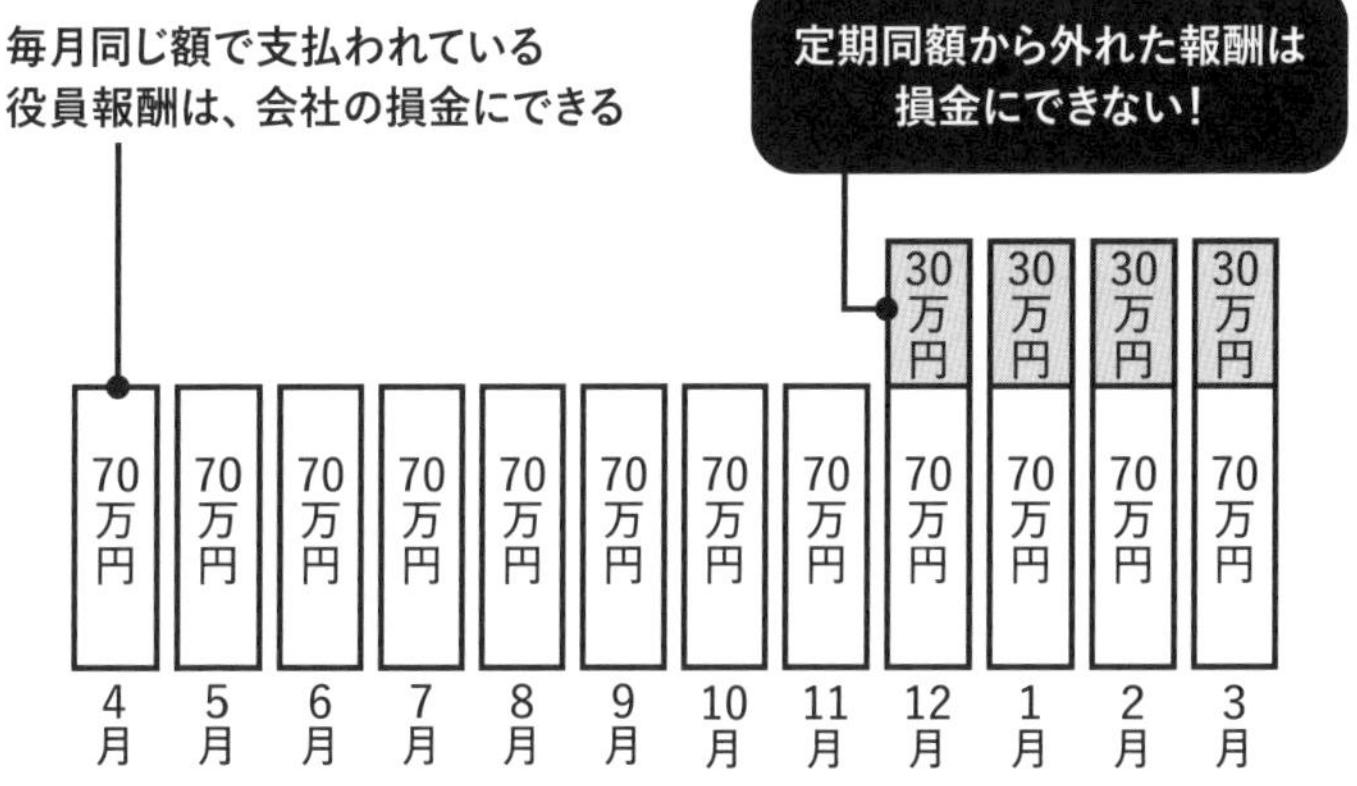

これはいわゆる「役員賞与」であり、一般的な会社員における「賞与（ボーナス）」のイメージです。

「まず大原則として、役員への賞与は『損金不算入』。つまり、損金にすることができないんです」

「自分の会社なのに、自分への賞与は経費にできないんですか！　なんか理不尽すぎますよ！」

「いやいや、自分の会社だからこそ、不当な利益の調整ができないように、制限がかけられているんですよ」

「そんな……。何とかならないんですか」

ただし例外があります。

会計年度の最初の4カ月目、もしくは株主総会から1カ月を経過する日のいずれか早い日までに、金額と支給時期を税務署に届け出たうえで、届出通りに支給する場合は、役員賞与を損金計上することができるのです。

これを事前確定届出給与といいます。

「なるほど。みんなこの『例外』を使って、役員賞与をもらっているんですね」

「そうですね。これ以外の役員賞与はすべて、損金にすることはできませんから、ご注意ください」

「たとえば、『役員賞与を１００万円として届け出ていたけど、思ったより利益が出たから200万円支給しました』という場合は、どうなりますか？」

「その場合は、２００万円全額が損金にできなくなります」

「全額ダメになっちゃうんですか!?」

「はい。届け出た『支給日』『支給金額』と1日でも、1円でもズレていると、全額が損金不算入となります」

「そりゃ厳しいなぁ……」

「厳しく感じるかもしれませんが、ルールはルール。しっかり守れば損金に算入できるのですから、活用しない手はありませんよ」

家族への「役員報酬」で手取りを最大化する

「しかも家族を役員にしたうえで役員報酬の損金算入ルールに則れば、節税の効

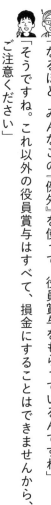

果を最大化することができます」

「そんなこと、していいんですか？」

「はい。実際に家族経営の会社では、奥さんを役員として報酬を払っているケースは多くあります。これによって、世帯単位で税負担を減らすことが可能になるんですね」

「繰り返しますが……そんなこと、していいんですか？」

「いいんです。過去の裁決で、『よき相談相手』という曖昧な役割しか果たしていない母親に対する適正な役員報酬が、年額１８６万円とされたものがあります。家族を非常勤役員にして役員報酬を払う際は、このくらいであれば問題はないと考えられます」

「そんな事例があったんですね！」

「もともとは『よき相談相手』の母親の役員報酬が３０００万円以上に設定されていて、税務署がＮＧを出し、そこから始まった事例なんですよね」

「なるほど。それで……具体的な節税効果はどれほどになるんですか？」

家族を役員にし、役員報酬を支給すると、なぜ税負担が減るのか。それは、世帯の

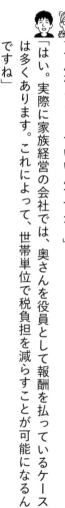

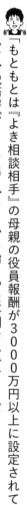

中での所得が分散するからです。
下の図をご覧ください。720万円の役員報酬を、

①夫のみが受け取る場合
②夫が600万円、妻が120万円受け取る場合

で比較したものです。
①の年間手取りは約540万円ですが、夫婦で所得を分散した②の手取りは約575万円。1年で約35万円の手取りが増えることになります。

「だいぶ変わりますね！　配偶者を役員にするだけでも、かなりの効果

年収を分散したほうが手取りアップ！

①

年収	所得税	住民税	社会保険料
720万円	34万円	39万円	107万円

→ 手取り **約540万円**

②

年収	所得税	住民税	社会保険料
600万円	20万円	31万円	91万円
120万円	8500円	2万4500円	0円

→ 手取り **約575万円**

同じ年収でも手取りが35万円もアップ！

があることがわかります」

「ただこれは、配偶者を非常勤役員にし、収入が社会保険の扶養内に収まるようにしたシミュレーションです。役員報酬の金額によっては、配偶者を常勤役員にし、相応の報酬を払ったほうが節税効果が高まる場合もあります」

「……？　どういうことですか？」

次ページの図のように、役員報酬１５００万円を受け取る場合を考えてみます。社長がひとりで受け取る場合、手取りは約１０１６万円、一方、配偶者と「９００万円・６００万円」で分散した場合、手取りは約１１１６万円となり、約１００万円増える計算になります。

「みなし役員」に要注意！

「かなり違いが出てきますね」

「所得分散効果は、役員報酬が高くなればなるほど大きくなるということです。もちろん、配偶者が報酬に見合った業務を行っていることが前提ですけどね」

「ところで先生、私、ちょっと思いついちゃったんですけど」

「いかにも、よろしくないことを思いついてしまったという口ぶりですね……」

「いや、たとえばなんですけどね。役員報酬って、『定期同額給与』『事前確定届出給与』っていう2つのルールに則らなければいけなくて、面倒くさいじゃないですか」

「それがルールですからね」

「そこでですね、家族を役員ではなく、従業員として雇えばいいんじゃないですか？　それなら、利益が出たタイミングで決算賞与を出したり、好きに給料を上げ下げできたりするじゃないですか？」

配偶者の役員報酬をもっと上げたらどうなる？

Case 役員報酬1500万円の場合

	社長の役員報酬額	配偶者の役員報酬額	所得税・住民税・社会保険料の合計	手取りの合計
社長が全額受け取る	1500万円	0円	約484万円	約1016万円
配偶者が103万円受け取る	1397万円	103万円	約434万円	約1066万円
社長と配偶者で分散	900万円	600万円	約384万円	約1116万円

※社長は40歳・扶養家族は配偶者（40歳）1名・東京都在住

手取り100万円アップ！

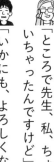

「ダメです！　それは非常に危険です。中小企業で、その家族がたとえば採用担当や金融機関対応など、何らかの形で経営に従事している場合は、みなし役員となる可能性が高いんです」

「みなし役員とは何ですか？」

「税法上の役員のことです。登記されていないけど、税法上、役員と同じように取り扱われる立場を指します。同族会社の場合、特に厳しくチェックされます。家族が従業員として働いていたとしても、好き勝手に報酬を上げ下げすることはできないと考えてください」

家族への「退職金」で手取りを最大化する

「実はもうひとつ、家族を役員にすることでとれる節税策があるんです。それが『退職金』です」

まず前提として、退職金は「老後の生活を維持していくための重要な原資である」という観点から、通常の役員報酬の受け取りに比べ、税制上優遇されています。

優遇されているのは、次の4点です。

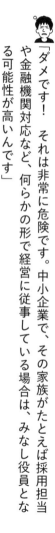

①分離課税

所得税は、基本的には総合課税方式です。総合課税方式とは、給与所得などを合算した課税所得に、所得税の税率をかけて税額を計算する方法です。所得の合計が多ければ多いほど、納める税金も多くなります。

しかし、退職所得は特別に、分離して課税することになっています。これを分離課税といい、総合課税よりも結果的に低率になる可能性が高いのが特徴です。

②退職所得控除

受け取った退職金から、勤続20年までは1年当たり40万円、それを超える分は1年当たり70万円の合計額が控除されます。

たとえば勤続30年の場合、20年×40万円＋10年×70万円＝1500万円で、控除額は1500万円にもなります。勤続年数が長いと、かなりの額の控除を受けられることになります。

③2分の1課税

そして退職金の課税対象は、退職所得控除を差し引いた額のさらに「2分の1」となります。①で分離され、②で控除されたうえに、課税対象はその2分の1になるわけです。結果的に課税所得はグッと減ることになります。

「半端じゃない優遇具合ですね！」

「そうですよね。これはつまり、『将来、退職金としてお金を受け取ることを前提に、会社にある程度の利益を残しておくことで、結果的には手取りを増やすことにもつながる』ということでもあります」

「今、ある程度生活に余裕があるようなら、わざわざ高い税率を払ってまで、必要以上に高い役員報酬をもらうこともない、と」

「そういうことです。そしてこの退職金も、家族を役員にして収入（得られる退職金）を分散することで、世帯単位ではより大きな節税効果を得ることができるんです」

「収入の分散……効果は絶大ですね！」

④社会保険料

退職金は「退職所得」という所得区分になり、通常の給与とは異なった方法で税額を計算します。社会保険料も毎月支給される給与とは異なる扱いとなっており、一括して支給される退職金からは控除されません。退職金から控除されるものは所得税と住民税だけということです。

「この優遇もすごいですね！」

「役員退職金」はどう積み立てるのが最もお得？

退職金の決め方、知らないと絶対損すること

前項では、家族を役員にすることで、「役員報酬」と「退職金」の両面から手取りを最大化する方法を解説しました。退職金を受け取る側には大きな税制優遇がある点はすでに述べた通りですが、一方で退職金を支払う側である会社にも、大きなメリットがあります。退職金は、損金に算入できる（経費にできる）のです。

そして、役員退職金の金額には、法的な縛りがありません。

「じゃあ、『社長である私の退職金は5億円！』なんてことも可能なんですか!?」

「言うと思ってましたよ。結論からいえば、可能です」

「やったー！」

「ただし、それと『会社の損金にできるかどうか』は別問題です」

「えっ？　それってどういうことですか？」

「税務上は、会社が役員退職金を支給した場合、『不相当に高額な部分の金額』は損金に算入できないことになっています」

「なんだ、やっぱり縛りがあるんですね」

「損金として算入するからには、根拠が必要なんですね。一般的には役員退職金は、『功績倍率法』という式で計算します」

◎**功績倍率法**

最終報酬月額×在籍年数×功績倍率＝役員退職金

「『功績倍率』って何ですか？」

「役職ごとの功績の目安ですね。目安は次の通りです」

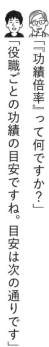

◎功績倍率の目安（例）

社長：3・0　専務：2・4　常務：2・2　取締役：1・8　監査役：1・6

在籍年数は原則的には役員として登記されてからの年数になります。

たとえば、社長の子供が会社従業員から役員に昇格することもありますが、いったんその時点で「従業員」という雇用契約が終了し、「役員」という会社との委任契約に切り替わるので、従業員の退職金規定に従い退職金を支払うことができます。

「つまり最終報酬月額が100万円で、在職期間25年の社長であれば……100万円×25年×3・0倍＝7500万円が退職金ということかぁ」

「早くも皮算用を始めていますね。ただ、功績倍率法も『絶対』というわけではありません。同業種・同規模の会社と比べて明らかに高すぎると否認されることもありますから、注意が必要ですよ」

退職金は「節税しながら」積み立てる

長谷川さんはどうやら、将来、高額な退職金がもらえることに心躍っている様子ですが、そもそも退職金の原資は、基本的には会社のお金であることを忘れてはいけません。

会社の規模や報酬月額が大きければ、役員退職金もそれなりの額になります。会社の資金繰りを圧迫しないよう、あらかじめ役員退職金の積み立てをしておく必要があります。

「積み立てって……金融機関に預金しておけばいいんじゃないですか？　何か特別なことをしないといけないんですか？」

「確かに預金は、契約期間や積立額の制限がなく、自分のペースで積み立てられるメリットがあります。しかし金融機関へ預け入れをしたところで、会社の損金にはできません」

「ということは……損金に算入して節税しつつ、退職金を積み立てられる方法があるんですか？」

「それが、あるんです。ここでは、比較的リスクが低く、どのような経営者にとっても退職金の積み立てに役立つ、公的な制度を3つご紹介します」

「お願いします！」

超オススメの3つの制度

①小規模企業共済

小規模企業共済は、中小企業の経営者や個人事業主のための退職金積み立て制度です。掛金は毎月1000円〜7万円の範囲内で自由に選択でき、掛金の全額が所得控除できます。小規模企業共済の掛金分だけ役員報酬を増額すれば会社の損金が増えます。役員側では退職金を積み立てつつ所得控除を受けられるので、節税効果も見込めるのです。

②個人型確定拠出年金（iDeCo）

個人型確定拠出年金とは、公的年金に上乗せして給付を受けられる私的年金のことです。

小規模企業共済と同じく、掛金の全額を所得控除にできますから、掛金相当額の役員報酬を増額すれば、やはり法人側で節税効果が見込めます。

なお、iDeCo（イデコ）と小規模企業共済は併用できます。併用すると、年間最大で111万6000円の所得控除になります。

受け取る際も、一度にまとめて受け取る「一時金」として受け取れば、税制上は「退職所得」として扱われます。先ほどご紹介したように、「退職所得控除」や「2分の1課税」などのメリットも享受できます。

加えて、運用期間中に発生した投資利益はすべて非課税です。

いいことずくめのように感じますが、注意点もあります。

まず、原則60歳までは引き出しできないこと。

そして、会社から多くの退職金をもらっている場合は、退職所得控除の控除枠を超えてしまう可能性があるということです。

「『会社からの退職金』『小規模企業共済』『iDeCo』などを複数回に分けて受け取る場合も、受け取るタイミングによって額が変わってしまうので注意が必要です」

「いろいろややこしいですね……。どういうことですか？」

iDeCoを一時金として受け取る場合、その年の前年から19年の間にほかの退職金を受け取っていると、以前に受給した退職金の勤続年数と重複する期間を除外して退職所得控除を計算しなくてはいけません。

つまり、退職所得控除が減ってしまうのです。その結果、受け取る一時金も減ってしまう可能性が出てきます。

一方で、受け取るのが「会社からの退職金」や「小規模企業共済の一時金」の場合、このルールが適用される期間は「その年の前年から4年」になります。

「19年と4年……だいぶ違いますね。じゃあ、もしも『会社からの退職金』と『小規模企業共済』『iDeCo』を全部受け取ろうと思ったら……」

「まず『iDeCo』を受け取り、そこから5年以上空けて『会社からの退職金』を、さらに5年以上空けて『小規模企業共済』を受け取るのが、いちばん損の少ないもらい方ですね」

「なるほど……。もらうときも10年計画で、順番を緻密に考えていかなければいけないんですね」

③経営セーフティ共済（中小企業倒産防止共済）

3つ目は経営セーフティ共済です。40ページでもご紹介しましたね。

経営セーフティ共済は別名「中小企業倒産防止共済制度」とも呼ばれています。小規模企業共済と同じ中小機構が母体となっている制度です。

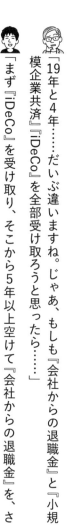

退職金を「節税しながら積み立てる」3つの方法

	メリット	デメリット
① 小規模企業共済	掛金を毎月1000円～7万円の範囲内で選択でき、全額が所得控除の対象	掛金納付月数が240カ月（20年）未満で任意解約をした場合、受け取れる共済金の金額は掛金合計額を下回り、元本割れする
② iDeCo（個人型確定拠出年金）	掛金の全額を所得控除にできる	60歳まで引き出せない。また、投資の運用結果によっては元本割れする
③ 経営セーフティ共済	掛金を毎月5000円～20万円の範囲内で選択でき、全額を損金算入できる	起業・開業1年目だと加入できない。また、納付期間が40カ月以下だと元本割れする

もともとは、取引先の倒産による連鎖倒産を防ぐための制度で、取引先が倒産して債権回収が困難な場合に、払い込んだ掛金の10倍、最大8000万円まで共済金の貸付が受けられます。

この基本的な機能に加え、掛金を法人の損金として計上しながら退職金の資金を積み立てることができます。

掛金は月額5000円〜20万円の範囲で設定・変更でき、かつ、この掛金は年240万円、累計800万円まで全額を損金算入できます。加えて、40カ月（3年4カ月）以上加入していれば、解約時に掛金全額が戻ってきます。

「経費にしたはずのお金が外に出ていかずに貯まっていて、最終的には満額戻ってくるなんて……夢のような制度ですね！」

「そうですよね！　経営セーフティ共済の解約返戻金は益金になりますが、解約のタイミングで退職金を支給して損金をつくれば相殺となり、節税効果を得ることができます。経営セーフティ共済を活用することで、ローリスクで800万円までの退職金の資金を積み立てることができるんですよ」

「素晴らしい制度を教えていただき、ありがとうございます！　……ただ、この制

度は『ローリスクで節税しつつ積み立てできる』とはいえ、上限が８００万円なんですよね……。前述の功績倍率法を使って退職金の額を計算するとなると、経営者の退職金は、数千万円から億にのぼることもあります。もっと高額な積み立てをする方法はありませんか？　それも、できるだけリスクを抑えて、お得に！」

「もちろん、より高額な積み立てをする方法もあります。ただ、こちらはより込み入った話になりますから、第５章で改めてご説明することにします」

「楽しみにしています！」

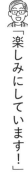

会社の資産をタダで個人に移転!?「退職金の現物支給」

「現物支給」によって生まれる2つのメリット

「ところでハセさん、役員退職金は、必ずしも『お金』で支払う必要がないことをご存じですか？」

「ええっ、そうなんですか!?　『退職金』と言うからには、お金で支払われるのが普通だと思っていました」

「もちろん、多くの会社ではお金で支払われますが、実は役員退職金を『現物支給』している会社も多いんですよ」

退職金の現物支給の代表的な例として、

- **法人名義の生命保険契約を個人名義に切り替える**
- **法人名義の不動産、車両などの固定資産を個人名義に切り替える**

などがあげられます。

従業員に対する退職金は現金でなければいけませんが、経営者や役員に対する退職金は、現金以外の資産での支給（現物支給）も可能です。

「そんなことができるんですね。でも先生、私はやっぱり、現金でもらったほうが嬉しいんですけどねー」

「あはは！　気持ちはわかります。でも退職金の現物支給には、会社・個人ともに大きなメリットがあるんですよ」

「どんなメリットがあるんですか？」

退職金の現物支給によって得られるメリットには、大きく2つあります。

メリット1　支給する会社側にとっては「資金流出がない」

役員退職金は高額になるケースも多いため、資金繰りが苦しい時期と役員退職のタイミングが重なると、会社にとっては一気に死活問題となるおそれもあります。

しかし現物支給では、資金が流出しませんから、退職金によって資金繰りがより苦しくなる心配がありません。会社にとっては、所有している資産を現物支給することには大きなメリットがあるのです。

ちなみに、現物支給する資産だけでは退職金の適正額に見合わない場合は、退職金の一部のみ現物支給（たとえば、会社所有の車両＋退職金）とすることもできます。この方法でも、資金の流出を最低限に抑えられますね。

メリット2　支給される個人側にとっては「資産移転コストを減らすことができる」

「どのような資産が役員退職金として支給されるか」にもよりますが、支給される資産によっては、退職金にかかる税金を減らすことができる場合があります。

「でも先生、60ページで、退職金にかかる税金はもともとかなり優遇されているって言っていましたよね？」

「そうです。その優遇されている税金を、さらに節税できる可能性があります！」

「それは嬉しいですね！　詳しく教えてください！」

「わかりました！」

「医療保険の現物支給」で節税！

たとえば、法人名義の医療保険契約を個人名義に切り替える場合を考えてみます。終身の医療保険の場合、医療保険は短期間で払い切れるものがほとんどです。保険全額を、5年ほどで払い切れることも少なくありません。

さて、保険の価値は「解約返戻金相当額」と定められています。保険の売買をする場合は「解約返戻金相当額」で行いなさい、と決められているのです。

解約返戻金のない医療保険の場合、保険契約の評価は一般的には入院日額の10倍で、多く見積もっても数十万程度です。その分、資産移転コストを減らすことができるというわけです。

必ず「株主総会議事録」を残しておく

「退職金を現物支給する際、注意するポイントはありますか？」

「原則として、『現物支給をする』という決議をした株主総会議事録が必要です」

固定資産を退職金として現物支給した場合、適切な手続きをすれば消費税は課税されないのですが、もし株主総会議事録が残っていない場合、消費税の課税対象となってしまう可能性があります。

「株主総会議事録を残していないと、すべてが台無しになってしまうんですね。気をつけないと！」

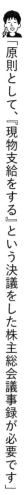

第2章

税金を徹底カットする4大奥義

奥義 1

個人の所得税・住民税を徹底カットする「7つのテクニック」

そもそも「控除」とは何なのか

「先生、節税テクニックを勉強していると、『控除』という言葉がたくさん出てきます。なんとなく『差し引く』という意味なのは理解できますが、まだわかったような、わかっていないような感じです。『控除』って、つまり何なのでしょう?」

「いい質問ですね。本章の冒頭ではまず、税金をカットするために重要なキーワードである『控除』について、おさらいしておきましょう」

「控除」とは、長谷川さんが言っていたように、金額や数量などを「差し引く」という意味です。

税制上、納税額を減らすことのできる控除には、大きく「所得控除」と「税額控除」の2種類があります。

所得控除とは、課税対象となる所得金額を減らせることをいいます。一方の税額控除とは、税金そのものを減らせることをいいます。

「……あれ？　所得って、いわゆる『儲け』のことを指すんですよね？　これって、『利益』とは何が違うんですか？」

「鋭い！　いい質問ですね！」

利益とは、収益から費用を引いた、「会計上の儲け」を指します。

一方の所得とは、総収入金額から必要経費を引いた「税務上の儲け」を指します。

会計上の「収益」と税務上の「総収入金額」、会計上の「費用」と税務上の「必要経費」が同じ額ならば、所得の額と利益の額は一致しますが、そうなることはほとんどありません。第1章でも触れたように、過度な交際費や、プライベートでも使う高級腕時計などは、会計上「費用」ではあっても、税務上「必要経費」としては認められなかったりしますからね。

「利益と所得の違いは何となくわかりました。で、所得控除は『税務上の儲け』から一定額を差し引き、納税額を減らせるもの？ わからなくなってきました……。もう一度、説明してもらっていいですか？」

「難しいですよね。次ページに図示する『所得税計算の流れ』を見てもらうと、もうちょっとわかりやすくなるかもしれません」

所得税を計算するもととなる課税所得は、所得から各種の所得控除を差し引いて求めます。

こうして求めた課税所得に税率を掛け、所得税額は算出されます。

つまり、「所得控除」とは「税率を掛

利益と所得の違いは？

利益	所得
＝	＝
会計上の儲け（収益－費用）	税務上の儲け（総収入金額－必要経費）
会社の経営状態を把握するためのもの	公平な課税や税収を確保するためのもの

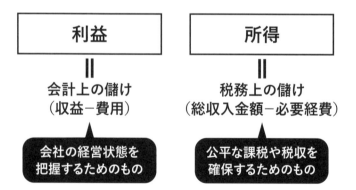

ける前の控除」のことです。そして、算出した所得税額から、さらに差し引くことができるのが「税額控除」です。

その税額控除を差し引いた分が、実際の納付額となります。

つまり「税額控除」は、「税率を掛けた後の控除」のことです。

税額控除は、税率を掛けた後の所得税額から直接差し引くことができます。そのため、所得控除よりも節税効果を大きく見込めます。

「所得控除と税額控除では『差し引くタイミング』に違いがあり、税額控除のほうが節税効果はより大きい、ということですね」

所得税計算の流れ

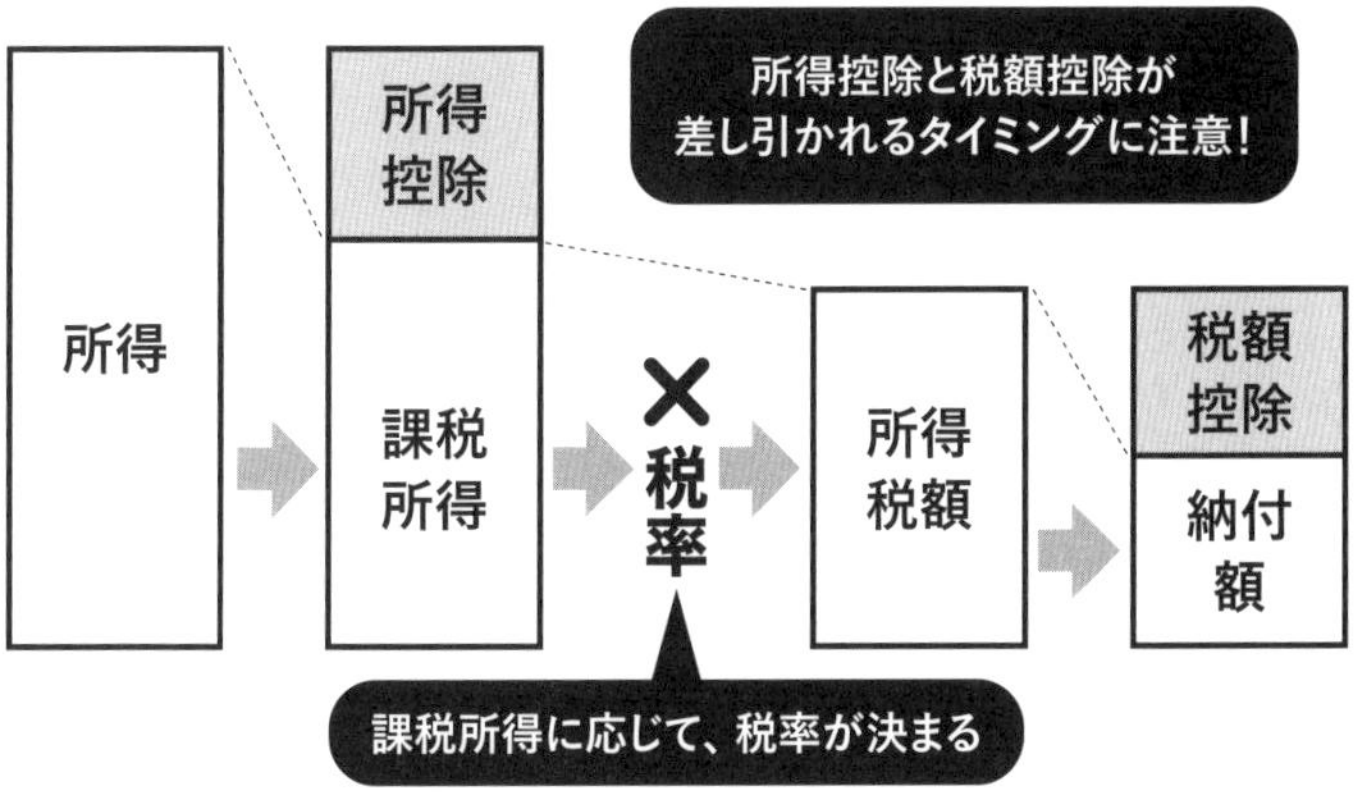

「そうです！　控除の金額が多くなれば、結果として所得税・住民税の節税になります。うまく活用すれば数十万円単位、あるいはそれ以上の控除を受けることが可能になります」

①小規模企業共済――掛金全額が控除される！

「それではさっそく、所得控除を活用して税金を減らす方法から見ていきましょう」

1つ目は、68ページでも登場している小規模企業共済です。

改めて説明すると、小規模企業共済は、中小企業の経営者や個人事業主のための退職金積み立て制度です。掛金は全額が所得控除の対象になります（正式には「小規模企業共済等掛金控除」といいます）。

「全額が所得控除の対象ってすごいですね！　具体的には、どれくらい控除を受けられるんですか？」

「月額最大の7万円を1年間掛けた場合、7万円×12カ月＝84万円分の所得控除

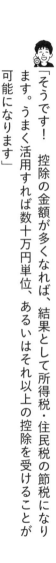

を受けられます」

「退職金を積み立てながら、さらに年間84万円も課税所得を減らせるんですね。それで……どれくらい税金が減るんですか？」

下図「掛金ごとの節税額一覧表」を見ながら説明していきましょう。

たとえば課税所得1000万円の人が、年84万円を積み立てた場合、1年間で36万7000円の節税ができます。

いずれは退職金として戻ってくるお金の積み立てでこれだけ節税効果があるのですから、とても魅力的です。

さらに小規模企業共済は、1年以内の前納もできます。今年分と翌年分を合わせて、最大168万円の所得控除を得る

小規模企業共済「掛金ごとの節税額一覧表」

課税される所得金額	加入前の税額		加入後の節税額			
	所得税	住民税	掛金月額1万円	掛金月額3万円	掛金月額5万円	掛金月額7万円
200万円	104,600円	205,000円	20,700円	56,900円	93,200円	129,400円
400万円	380,300円	405,000円	36,500円	109,500円	182,500円	241,300円
600万円	788,700円	605,000円	36,500円	109,500円	182,500円	255,600円
800万円	1,229,200円	805,000円	40,100円	120,500円	200,900円	281,200円
1,000万円	1,801,000円	1,005,000円	52,400円	157,300円	262,200円	367,000円

出典：独立行政法人 中小企業基盤整備機構

ことも可能になるのです。

逆に、経営が苦しいときには「掛金を1000円まで減額する」といったこともでき、柔軟性が高いといえます。

ただし、デメリットもあります。小規模企業共済の掛金は、予定利率1％で運用されることで、掛金以上のお金を受け取ることができるのですが、掛金を減額した場合、減額以前に積み立てた掛金の差額は運用されません。

たとえば、月1万円の掛金を3年間払ったとすると、合計36万円が予定利率1％で運用されます。しかし4年目から掛金を1000円にした場合、減額以前に積み立ててきた掛金の差額の9000円は運用されずに放置されます。具体的には、9000円×36カ月、つまり32万4000円の運用が放置されるのです。余裕のある金額から積み立てていくのがベターです。

②個人型確定拠出年金（iDeCo）——運用利益が非課税！

2つ目は個人型確定拠出年金（iDeCo）です。これも、68ページで登場しましたね。改めて説明すると、iDeCoとは、公的年金に上乗せして給付を受けられる私的年金のことです。

小規模企業共済と同じく、掛金の全額が所得控除の対象となりますから、その年の所得税と翌年の住民税を下げられます。

また、運用で得た利益は非課税になるなど、税制的にも優遇されています。

「iDeCoには、掛金の上限はあるんですか？」

「下図にあげるように、iDeCoは職業や『企業年金に加入しているかどうか』によって掛金の上限が変わってきます。自営業者や個人事業主の上限は、月額6万8000円、年額81万6000円です。一方、たとえば経営者で企業型DCに加入している場合の上限は、月額2万円、年額

iDeCoの掛金はいくら?

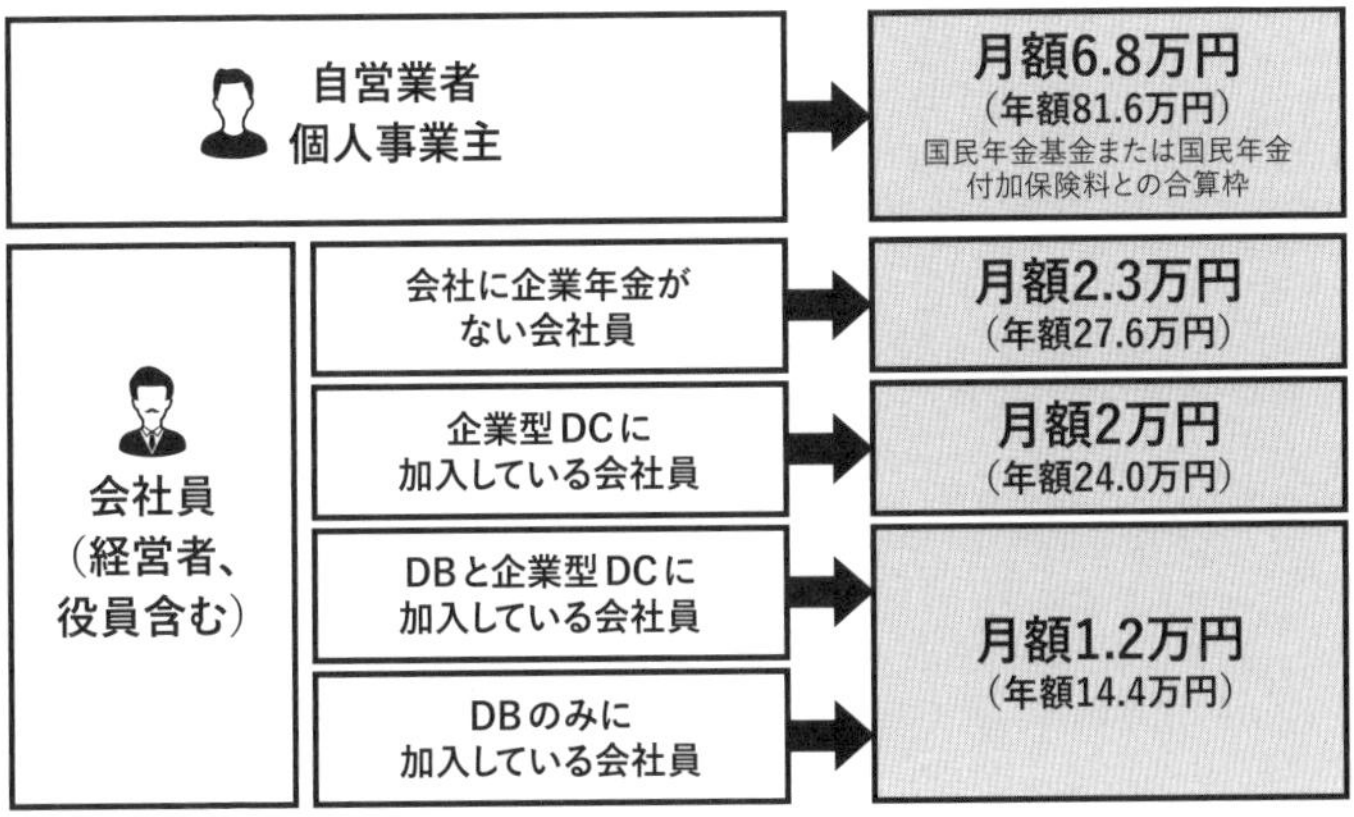

DC＝確定拠出年金
DB＝確定給付企業年金、厚生年金基金

24万円です」

「具体的には、どれくらいの節税になるんですか？」

「仮に月2万円を拠出した場合、年収600万円の人の節税額は年間約4万8000円、年収1000万円の人の節税額は年間約7万2000円になります」

「同じ拠出額でも、年収が高い人のほうが、節税額が大きくなるんですね」

「所得控除は『税率を掛ける前の控除』ですから、節税効果も税率に比例するんですよ。そのため、税率が高い高所得者ほど、節税効果は大きくなるんです」

「ということは……『年収が低い人は小規模企業共済が、年収の高い人はiDeCoがお得』ということなんですか？」

「小規模企業共済とiDeCoは併用できますから、両方に加入すれば、年収にかかわらず両方のメリットを最大限に享受できます。ただ、『どちらかひとつを選べ』と言われたら……私は小規模企業共済をオススメしますね」

「へぇー。それはなぜなんですか？」

「小規模企業共済は、掛金を納め続ければ確実に受け取れる金額が増えるという安全性の高い制度ですし、いざというときには途中解約して解約金がもらえます。

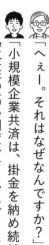

とても柔軟性の高い制度なんですね。さらに、担保も保証人も用意せず、資金を借り入れることもできます。万が一のときに心強いといえます」

「なるほど。加入の条件を満たしていることが大前提ですが、優先するべきは小規模企業共済、もし余裕があればiDeCoも併用するのがオススメということですね」

「その通りです！」

③医療費控除――２００万円まで控除！

３つ目は医療費控除です。

医療費控除とは、原則として「自分や家族の医療費を、原則1年間に10万円を超えて支払った場合、一定の所得控除が受けられる」制度です。

控除額は、**「1年間に支払った医療費」**－**「保険金などの各種補てん金」**－**10万円**で算出します。上限２００万円までの控除枠がありますから、高額な費用がかかる治療を受ける場合は、所得の多い年度にまとめて行えば、医療費控除を最大限に活用でき、節税効果が高くなります。

「どのような費用が、医療費控除の対象になるんですか？」

医療費控除の対象となる医療費

1　医師または歯科医師による診療または治療の対価（ただし、健康診断の費用や医師等に対する謝礼金などは原則として含まれません。）

2　治療または療養に必要な医薬品の購入の対価（風邪をひいた場合の風邪薬などの購入代金は医療費となりますが、ビタミン剤などの病気の予防や健康増進のために用いられる医薬品の購入代金は医療費となりません。）

（注）平成29年1月1日から令和8年12月31日までの間に支払う特定一般用医薬品等の購入費は、その年中に健康の保持増進および疾病の予防への取組として一定の健康診査や予防接種などを行っているときに、通常の医療費控除との選択により、セルフメディケーション税制（特定一般用医薬品等購入費を支払った場合の医療費控除の特例）の対象となります。

3　病院、診療所、介護老人保健施設、介護医療院、指定介護療養型医療施設、指定介護老人福祉施設、指定地域密着型介護老人福祉施設または助産所へ収容されるための人的役務の提供の対価

4　あん摩マッサージ指圧師、はり師、きゅう師、柔道整復師による施術の対価（ただし、疲れを癒したり、体調を整えるといった治療に直接関係のないものは含まれません。）

5　保健師、看護師、准看護師または特に依頼した人による療養上の世話の対価（この中には、家政婦に病人の付添いを頼んだ場合の療養上の世話に対する対価も含まれますが、所定の料金以外の心付けなどは除かれます。また、家族や親類縁者に付添いを頼んで付添料の名目でお金を支払っても、医療費控除の対象となる医療費になりません。）

6　助産師による分べんの介助の対価

7　介護福祉士等による一定の喀痰吸引および経管栄養の対価

8　介護保険等制度で提供された一定の施設・居宅サービスの自己負担額

9　次のような費用で、医師等による診療、治療、施術または分べんの介助を受けるために直接必要なもの

（1）医師等による診療等を受けるための通院費、医師等の送迎費、入院の際の部屋代や食事代の費用、コルセットなどの医療用器具等の購入代やその賃借料で通常必要なもの（ただし、自家用車で通院する場合のガソリン代や駐車場の料金等は含まれません。）

（2）医師等による診療や治療を受けるために直接必要な、義手、義足、松葉杖、補聴器、義歯、眼鏡などの購入費用

（注1）電車やバスなどの公共交通機関が利用できない場合を除き、タクシー代は控除の対象には含まれません。
（注2）自家用車で通院する場合のガソリン代や駐車場の料金などは、控除の対象には含まれません。

（3）身体障害者福祉法、知的障害者福祉法などの規定により都道府県や市町村に納付する費用のうち、医師等の診療等の費用に相当するものや上記（1）・（2）の費用に相当するもの

（4）傷病によりおおむね6か月以上寝たきりで医師の治療を受けている場合に、おむつを使う必要があると認められるときのおむつ代（この場合には、医師が発行した「おむつ使用証明書」が必要です。）

（注）おむつ代についての医療費控除を受けることが2年目以降である場合において、介護保険法の要介護認定を受けている一定の人は、市町村長等が交付する「おむつ使用の確認書」等を「おむつ使用証明書」に代えることができます。

10　日本骨髄バンクに支払う骨髄移植のあっせんに係る患者負担金

11　日本臓器移植ネットワークに支払う臓器移植のあっせんに係る患者負担金

12　高齢者の医療の確保に関する法律に規定する特定保健指導（一定の積極的支援によるものに限ります。）のうち一定の基準に該当する者が支払う自己負担金（平成20年4月1日から適用されます。）

出典：国税庁

「前ページにあげるように、対象はかなり多岐にわたっています。治療費や医薬品の購入費だけでなく、入院時の食事代や通院にかかる公共交通機関の運賃なども対象になります」

「たとえば、歯の治療費も対象になるんですか？」

「治療目的の診療費は対象になりますが、大人が美容目的に歯列矯正を受ける費用は、原則として控除の対象外です。ただし、発育途中の子どもの、治療を目的とする歯列矯正は対象になりますよ」

「なるほど」

「また意外なところでは、レーシック手術も医療費控除の対象です。レーシックは保険適用外で、治療費数十万円が自己負担になります。医療費控除の対象になると覚えておいて損はないでしょう」

④扶養控除──別居していても条件が合えば、控除可能

4つ目は扶養控除です。

扶養控除とは、子や親などの扶養親族がいる場合、所得から一定額を控除できる制度です。

たとえば、高校生の子を扶養している場合は38万円、70歳以上の別居の親を扶養している場合は年間48万円の扶養控除を受けることができます。

扶養親族の主な要件は次の通りです。

- **その年の12月31日の時点で16歳以上であること**
- **配偶者以外の親族であること**
- **納税者と生計を一にしていること**
- **年間の合計所得金額が48万円以下（給与のみの場合は１０３万円以下）であること**

生計が同じであれば、別居していても扶養控除の対象に入れることができます。扶養親族として入れ忘れている人がいないかを見直してみましょう。

「別居でもＯＫというのは盲点ですよね。たとえば、ひとり暮らしを始めた大学生の子どもに生活費を出している場合も大丈夫ということですよね？」

「はい。親が生活費と学費を出しているのであれば対象になります。さらにいえば、

その年の年末時点で19歳以上23歳未満の人は『特定扶養親族』にあたり、控除額は63万円となります。一般の扶養親族に比べてより大きな節税効果を期待できます」

「大学生になると親の負担も大きいですから、助かりますね」

「ただし、『給与所得103万円以下』という扶養親族の要件を忘れてはいけませんよ。お子さんがアルバイトをがんばりすぎて103万円を超えないよう、注意してくださいね」

⑤ふるさと納税——自己負担2000円のおトクな制度

5つ目は、今やすっかり一般的なものになったふるさと納税です。

ふるさと納税とは、全国各地の自治体から寄付先を選び、寄付することで、寄付金控除を受けられる制度です。寄付先に選んだ自治体からは返礼品として、寄付額の30%以下の市場価格の地場産品がもらえます。

控除上限額の範囲内であれば、自己負担額2000円を除いた全額が控除の対象となり、所得税・住民税から控除されます。

「実質2000円の負担で、とても2000円では買えないような、その土地なら

ではの食材や名産品がもらえるのですから、嬉しいですよね」

「さらに、所得税や翌年の住民税が安くなるわけですからね。経営者や個人事業主のみならず、サラリーマンにも人気の制度です」

⑥寄附金特別控除――事前に絶対チェックすべきこと

「ここまでは『所得控除』を活用して税金を抑える方法を見てきました。続いて、より節税効果の大きい『税額控除』を活用する方法を見ていきますね。1つ目は、寄附金特別控除です」

「ん？　ふるさと納税は『寄付金控除』として所得控除を受けられるんでしたよね……？　寄附金特別控除は、それとは違うんですか？」

寄附金特別控除とは、特定の団体に寄付した場合に受けられる控除です。政党や認定ＮＰＯ法人、公益社団法人などへの寄付金は、「寄付金控除」として所得控除にするか、「寄附金特別控除」として税額控除にするかを選ぶことができるのです。

ちなみに「寄付」「寄附」と、制度によって漢字は変わりますが、意味は同じですので、深く考えなくても問題ありません。

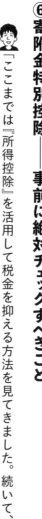

寄付金額や所得によっても変わってきますが、基本的には前述の通り、税額控除である寄附金特別控除を選んだほうが節税効果が大きくなるケースが多いといえます。

なお、寄付先によって、控除金額は変わってきます。計算式は次の通りです。

・政党等寄附金特別控除

控除金額＝（政党等に対する寄附金の合計額－２０００円）×30％

・認定ＮＰＯ法人等寄附金特別控除

控除金額＝（認定ＮＰＯ法人等に対する寄附金の合計額－２０００円）×40％

・公益社団法人等寄附金特別控除

控除金額＝（公益社団法人等に対する一定の要件を満たす寄附金の合計額－２０００円）×40％

「さてここで、認定ＮＰＯ法人に寄附して寄附金特別控除を受けようとするときに、絶対に気をつけていただきたいポイントがあります」

「何でしょう？」

「寄付先が『認定ＮＰＯ法人』かどうかを確認することです」

「なんだ、そんなの当たり前じゃないですか」

「いやいや、侮《あなど》ってはいけません。意外と、うっかりが多いポイントなんです。ＮＰＯ法人は5万団体ほどありますが、認定ＮＰＯ法人は１２００ほどしかありません。寄付先がＮＰＯ法人か、認定ＮＰＯ法人かは念入りに確認しましょう」

「ややこしいですね」

「また、公益社団法人に寄付する場合も、相手が本当に『公益社団法人』かを入念にチェックするに越したことはありません。もしも間違って、一般社団法人に寄付した場合には、寄附金特別控除を受けられないばかりでなく、寄付金控除も受けられませんからね」

「おお、それは恐ろしい……。気をつけます」

ちなみに、学校法人への寄付は対象になるので、母校への寄付は寄付金控除の対象になるかどうか調べる価値があります。ただ、部活動の後援会などへの寄付金は控除対象にならないので注意が必要です。

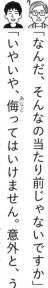

⑦住宅借入金等特別控除（住宅ローン控除）——家を買う人は必ずチェック

２つ目は、住宅借入金等特別控除（住宅ローン控除）です。

住宅ローン控除とは、住宅ローンを組んでマイホームを新築したり購入したりした人が受けられる減税措置です。新築だけでなく、中古物件でも控除を受けられます。

２０２２年１月１日以降に、住宅の取得や居住を開始した人の住宅ローン控除は、次のように定められています。

・住宅ローンの年末残高の0・7%を減税（上限あり）
・控除期間は13年間

仮に年末の住宅ローン残高が２０００万円だとしたら、その年は14万円が減税されるということです。所得税から引き切れない場合は、上限はありますが、住民税から減税されます。家を買う人にとっては大きな減税制度であるといえます。

奥義
2

「役員賞与」を活用して社会保険料を削減する

紛れもなく合法でありながら、効果絶大！

「先生、社会保険料って高すぎないですか？」

「そうですね、しかもその負担は年々大きくなっているんです」

「どれくらい増えているんですか？」

内閣府のデータによると、「２００７年度には27・２兆円だった社会保障負担は、２０２３年度には36・５兆円」にまでふくらんでいます。

そして厚生年金保険の保険料率は２００４年から段階的に引き上げられ、２０２３

年6月現在は18・3％です。

「気が重くなってくる話ですね……」

「さらに気が重くなる話を聞いていただきましょう」

65歳を超えて働くと損をする？

老齢厚生年金は、原則としては65歳以上になると支給されます。

ただ、経営者として65歳を超えても働いている場合、一定以上の役員報酬をもらっていると、老齢厚生年金の一部または全額が支給停止になります。これは「在職老齢年金制度」によるものです。

「現に、65歳を過ぎても働いている経営者の中には、厚生年金の支給が停止状態になっている人も多くいます」

「なんと……。先生、なんとか合法的に社会保険料を削減する方法はないものでしょうか」

「それが……あるんです」

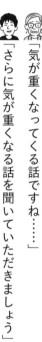

「あるんですか！」

「はい。さっそく見ていきましょう！」

合法的に社会保険料を削減する方法。それは「役員への月々の報酬を減らし、役員賞与を大きく支給する」というものです。

こうすることで、支給する報酬・賞与の総額は同じでも、社会保険料の負担は軽減することができます。

役員賞与を増やすと、社会保険料が減る理由

「トータルの報酬額が同じなら、社会保険料も変わらないんじゃ……。どうしてそんなことができるんですか？」

「賞与に対する社会保険料に、次のような上限が設けられているからです」

◎標準賞与額の上限

健康保険料：年５７３万円

厚生年金保険料：月１５０万円

「この上限を超えた部分に関しては、保険料がかからないんですよ。たとえば、年間の賞与を900万円として、これを1回で支給した場合は次のようになります」

健康保険料：327万円分かからない（900万円－573万円＝327万円）
厚生年金保険料：750万円分かからない（900万円－150万円＝750万円）

「すると、具体的にはどれくらいの社会保険料が削減できるんですか？」

わかりやすくするために、あえて極端な例をあげます。
次ページの図は、役員への年間トータルでの支給額1200万円を次の2パターンで比較したものです。

①毎月100万円ずつ支給した場合
②毎月10万円を報酬として支給し、1080万円を賞与として1回で支給した場合

①では、社会保険料が約280万円かかります。一方、役員報酬を減らし、賞与を

大きくした②では、社会保険料が約130万円です。

ざっくりとした試算ではありますが、トータルとしての支給額は同じでも、役員報酬を減らし、賞与を増やすことで、およそ150万円の社会保険料を削減できることになります。

「すごい！　かなりの削減効果がありますね！」

絶対に外せない「7つの注意点」

「ただ、この方法は合法ではありますが、運用するには多くの注意点があるんです」

「多くの注意点……数としてはどれ

賞与をたくさん払ったほうがトク？

	パターン①	パターン②
役員報酬（年間）	1200万円	120万円
賞与（年間）	0円	1080万円
社会保険料総額	**281万7432円**	**130万4190円**
内訳（役員報酬分）	健康保険料：11万5836円×12 厚生年金保険料：11万8950円×12	健康保険料：1万1583円×12 厚生年金保険料：1万7934円×12
内訳（賞与分）	0円	健康保険料：67万7286円 厚生年金保険料：27万4500円

※2023年8月時点（東京都在住、年齢40歳、子ども・子育て拠出金は考慮外の場合）

くらいあるのでしょうか」

「7つです」

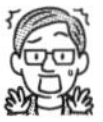
「7つ!?　本当に多いんですね。覚えられるかな……」

「何も全部覚えなくても、運用前に本書を読み返してチェックしていただければ大丈夫ですよ」

「それもそうですね。では、7つの注意点、教えてください!」

「わかりました!」

注意点1　支給日を間違えたらアウト

第1章でお伝えしたように、役員賞与は原則として損金不算入です。そのため、「いつ、いくら賞与を支給するかをあらかじめ届け出ておき、その通りに支給する」という「事前確定届出給与」を使い、賞与にあたるお金を支給する方法をご紹介しました。

この方法を使うと、万が一にも、事前の届出通りに支給できなかった場合は、支払った全額が損金不算入となってしまいます。さきほどの例でいえば、1080万円全額が損金にならないということですから、もはや社会保険料削減どころではありません。
実行する場合は、支給日を間違えないよう、細心の注意を払う必要があります。

注意点2　税金が増える

確かに社会保険料は削減できますが、反対に税金は増えてしまうのがこの方法の弱点です。

「それじゃあ意味ないじゃないですか！」

「驚かせてしまいましたが、増える税金の額より、削減できる社会保険料の額のほうが圧倒的に多いのでご安心ください」

「なるほど……。でも、なんでそんなことになっちゃうんですか？」

「法人が損金にできる社会保険料の支払いや、個人の社会保険料控除が減るためです」

さきほど示した、「役員への年間トータルでの支給額１２００万円を、毎月10万円を報酬として支給し、1080万円を賞与として支給して、社会保険料を約150万円削減できた場合」の事例をベースに考えてみましょう。法人税側では社会保険料が削減された分、利益が増えますし、所得税・住民税側では社会保険料控除が減少しますので、増える税金は、

- **法人税：75万円（約150万円×社会保険料労使折半1／2）×30％（法人税率30％と仮定）＝約23万円**
- **所得税：75万円×33％＝約25万円**
- **住民税：75万円×10％＝約8万円**

合計約56万円になります。この場合は150万円－56万円で、差し引き約94万円の削減効果を得られることになります。

「トータルでは90万円以上トクをするんですね。税金が増えてもびっくりしないよう、心の準備をしておきます」

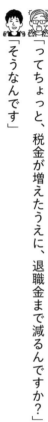

注意点3　退職金が減る

「ってちょっと、税金が増えたうえに、退職金まで減るんですか？」

「そうなんです」

退職金が減ってしまう理由は、第1章でもご紹介した、退職金の計算で一般的に用いられる「功績倍率法」では、最終報酬月額が計算の基準になるからです。役員報酬を低く抑えるこの方法では、功績倍率法において不利になってしまうのです。

「とはいえ、この方法では事前確定届出給与を使っていますから、退職直前に急に役員報酬を上げることもできません。もしも近い将来に退職を考えており、十分な額の退職金を得たい場合は、逆算して1～2年前から、役員報酬を徐々に上げておく必要があります」

注意点4　死亡リスク

事前確定届出給与で定めた支給日前に、受け取る予定だった役員が亡くなってしまうと、その遺族は、支給予定だった賞与を手に入れることができないと考えられます。

加えて、弔《ちょう》慰《い》金《きん》の額も少なくなります。弔慰金とは、遺族をなぐさめる趣旨で会社から支給されるお金です。受け取る遺族にとっては、弔慰金額の非課税枠内であれば相続税の対象外となり、会社にとっては損金となります。

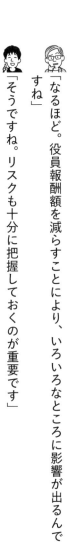

弔慰金の非課税枠は、業務外の死亡だった場合、「普通給与の6カ月分」とされています。つまり、報酬額を極端に減らしたまま役員が亡くなってしまうと、弔慰金の額もかなり少なくなるということです。特に新しい会社や経営者が若い方の場合、役員退職金規定や弔慰金規定を作成していないことが多いので、万が一に備えて、早めに規定を作成しておくことをオススメします。規定の雛形はインターネットで探せますので、自社用にカスタマイズしてください。

「なるほど。役員報酬額を減らすことにより、いろいろなところに影響が出るんですね」

「そうですね。リスクも十分に把握しておくのが重要です」

注意点5　資金繰りを圧迫する

先ほどの「役員への年間トータルでの支給額1200万円を、毎月10万円を報酬として支給し、1080万円を賞与として支給した場合」の例を見てもわかるように、賞与の支払い月はかなり大きなキャッシュが会社から出ていくことになります。

事前確定届出給与では、思うように利益が上がらなかった場合でも、予定通りの額で支給しないと経費に計上できません。そのため、常に「役員への賞与の支払い」を意識し、資金をプールしておく必要があるのです。

注意点6　生活費が厳しくなる

月々の報酬を極端に低くすると、当然のことながら、生活費が足りなくなることも起こり得ます。

しかし、役員賞与分からお金を先取りするようなことはできません。少なくとも、毎月の生活費はカバーできるくらいの報酬設定にしておくのがベターです。

注意点7　年金事務所への「合理的な説明」が必要になる

役員報酬を極端に減らし、賞与を極端に多く支給する方法は、自然か不自然かでいえば、不自然ではあります。

そのため、年金事務所から調査が入ったときのことを考え、このような支払い方をしている理由を合理的に説明できるよう準備しておく必要があります。

「『社会保険料削減のため』でいいじゃないですか」

「そんなの否認されるに決まってるじゃないですか！　たとえば『月の売上を読むことが難しく、赤字にならないように月の役員報酬は低めに設定して、業績に応じて賞与を支給している』なんてどうでしょう？」

「おお、それいいですね！」

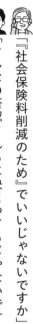

奥義3

福利厚生費を活用して、法人税を減らし、手取りを増やす！

給料よりお得!?　会社の福利厚生

「ハセさんに質問があります。会社からもらうお給料、高いのと低いの、どちらがいいですか？」

「そりゃ、高いほうがいいに決まっているじゃないですか！」

「そうですか？　給料が上がるということは、所得税・住民税の負担も増えるということです。さらに、社会保険料が上がる可能性もあるんですよ？」

「それを差し引いたとしても……やっぱり、給料が高いほうが手取りも多いんでしょう？」

「確かにそうかもしれません。しかし実は、『給料』という形態にこだわらなければ、税金と社会保険料を抑えながら、給料と同等以上の利益を得る方法があるんですよ」

「???　どういうことですか?」

「会社の『福利厚生費』を使うんです。福利厚生費とは、会社が従業員に提供するサービスにかかる費用のことですね」

給料やボーナス以外で役員・従業員に支給される経済的な利益を「現物給与」といいます。たとえば、社宅や家賃補助・通勤手当などです。

原則として、現物給与には所得税・住民税が課税されます。かつ、源泉所得税の対象にもなります。

しかし一定の要件を満たせば、「福利厚生費」として計上することが認められています。福利厚生費として認められると、所得税・住民税が非課税となります。

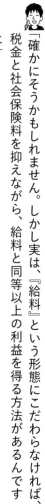

また、会社にとっても、福利厚生費として計上された費用は利益を圧縮して、税額を減少させることができます。

つまり、普通なら従業員が自分の給料で手配するような自宅を、会社が福利厚生として提供すれば、従業員は負担が軽減されて家が手に入って嬉しいですし、会社としては税金が圧縮できて嬉しい。一石二鳥というわけですね。

会社から利益を受け取るにしても、給与ではなく、福利厚生費として受け取ることで、手取りが増えたり、節税につながったりする可能性があるのです。

「それは素晴らしい！　福利厚生費を使って、なんでもかんでも会社に買ってもらいましょう！」

「そうはいきません！　福利厚生費として計上するには、次の3つの条件があるんです」

福利厚生費として認定される条件

- **社員全員を対象としていること（「役員のみが対象」は×）**
- **社内規定を整備していること**
- **社会通念上、相当な金額であること**

「この条件をすべて満たす必要があります」

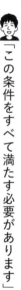

「意外と簡単にクリアできそうですね。それでは先生、福利厚生費を使った節税テクニックを教えてください！」

「わかりました。全部で11個あります！」

「11個も！」

福利厚生費を使った11の節税テクニック

1　忘年会、新年会、親睦会の活用

忘年会や新年会、親睦会など、通常に行われている社内行事の会社負担額は、原則として福利厚生費になります。

ただし「全員参加」が原則です。特定の人だけで実施する場合には、給与あるいは交際費となります。

「当初は全員参加の予定だったけど、当日に何らかの事情で参加できなくなった従業員が複数いた場合はどうなりますか？」

「それは問題はありません」

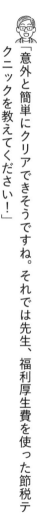

加えて、大きな会社であれば、部署ごとの開催でもかまいません。

ちなみに、1次会の後に自由参加の2次会が開かれた場合、2次会については給与あるいは交際費となります。また、豪華すぎる飲食も交際費となります。

なお、親睦会の場合は、開催頻度が高すぎると給与や交際費となりますので、注意してくださいね。

「どのくらいの頻度が目安となりますか？」

「月1回ぐらいが限度でしょうね」

2　通勤手当

通勤手当とは、通勤にかかる費用として従業員に支給されるものです。

従業員に対する通勤手当は、一定額までは福利厚生費として計上でき、非課税になります。

「『一定額』とは、具体的にはいくらなんですか？」

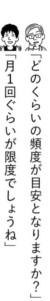

「通勤形態によって異なりますが、電車やバスなどの公共交通機関を用いる場合は、月15万円が上限です。車や自転車で通勤する場合は、下図のように、通勤距離によって１カ月の非課税限度額が決められています。たとえば一番上の『片道55キロメートル以上』の場合、非課税となる上限は月３万１６００円です」

「グリーン車の料金も、福利厚生費になりますか？」

「残念ながら、グリーン車の料金や指定料金などは給与となります。また、必要以上に遠回りのルートで交通費を計算するようなことも、もちろんＮＧですよ」

加えて、通勤手当については、社会保

通勤手当の非課税限度額（自動車などを利用している場合）

通勤距離	非課税限度額
片道55キロメートル以上	31,600円
片道45キロメートル以上55キロメートル未満	28,000円
片道35キロメートル以上45キロメートル未満	24,400円
片道25キロメートル以上35キロメートル未満	18,700円
片道15キロメートル以上25キロメートル未満	12,900円
片道10キロメートル以上15キロメートル未満	7,100円
片道2キロメートル以上10キロメートル未満	4,200円
片道2キロメートル未満	0円（全額課税）

出典：国税庁

険の報酬月額に含めて計算しなければなりません。この点にもよく注意する必要があります。

3 人間ドック

健康診断にかかる費用は、本来は本人が負担するべきであり、会社の経費とはなりません。

ただし、役員と社員の全員を対象として人間ドック費用を会社負担した場合には、福利厚生費として経費にできます。

なお、「全員対象が原則」と言ったそばからですが、「一定の年齢以上」の人に限定する場合も、経費として認められます。

「『部署』や『役職』で区切る場合は経費になりませんが、『年齢』で区切る場合には経費になるということです。年齢が高くなるほど、人間ドックの検査項目も多くなったりしますからね。このあたりは配慮されています」

「細かい取り決めがあるんですね。人生100年時代ですし、体調管理を万全にするためにも、人間ドックを活用していきます」

4　出張手当

第1章でも紹介しましたが、出張手当とは、役員や従業員が勤務地から離れた地域に出張する際に支払われる手当のことです。

出張手当は、全額を損金算入することができます。また、支給される側にとっても、所得税の対象とはなりません。

そのため、宿泊を伴う出張が多い会社の場合は、出張手当の制度を整えることで、会社と役員・従業員双方の節税と手取りの増加が見込めます。

ただし、出張手当を支給するには、「出張旅費規程」という社内ルールをつくる必要があります。

「『出張旅費規程』……どのようなものをつくればいいんですか？」

「次の5点を押さえておけば形にはなります」

①目的

出張旅費規程をつくる目的です。役員や従業員が、業務のため出張する場合の旅費に関する規程であることを記します。

②定義

何を「出張」と呼ぶかをしっかり定義します。

一般的には、「移動距離が100キロメートルを超える場合や、宿泊が必要な場合」などと記載します。

③適用範囲

原則として、「役員を含む全従業員を対象とする」ことを明確に記します。

④支給額

日当、宿泊費、交通費などの支給額を、役職や「宿泊ありか、日帰りか」などに分けて、次のように細かく決めます。

【社長が宿泊ありで出張した場合】

・日当：5000円

・宿泊費：15000円

・交通費：実費

「具体的で細かいんですね」

⑤手続き方法

出張の申請フローや、支給の方法（実費か定額支給か）、帰社後に出張報告書と旅費精算書を提出して精算する、といった出張に関する手続きを定めます。

出張旅費規程を決めた後は、それに則って出張手当を支給すれば、福利厚生費として認められます。

「日当や宿泊費は、どれだけ高く設定してもいいんですか？」

「いけません！　出張手当の金額は、社会通念上相当な範囲内に設定しなければならないんです」

「社会通念上相当な範囲内……またあいまいですね。明確な基準はないんですか？」

「税務調査でよく引き合いに出されるのは、総理大臣の宿泊出張手当ですね。これが意外に少ないんですよ」

【総理大臣が宿泊出張をする場合】

・日当：3800円（1日あたり）
・宿泊代：1万9100円（または1万7200円）
・食卓料：3800円

「本当だ！　意外と少ないですね」

「ですよね。1泊2日だとすると、日当は7600円。社長が日当で2万円も3万円も得るようなら、税務署に突っ込まれかねない材料となります」

「でもそこって難しい問題ですよね。社長さんの中には、『総理大臣といえど、税金で国民のために働く公務員でしょう？　社長の日当と比べるのはおかしくないか』なんてゴネる人もいそうです」

「おっしゃる通り。そういう方もいます。だから明確に金額の基準を定めるのは難しく、最終的には税務署と納税者との調整によるところが大きくなるんですね」

また、税務署の調査が入ったときに備え、出張の記録をその都度作成しておくのも重要です。

5　社員旅行

社員旅行は、一定の条件を満たせば、かかった費用を経費にすることができます。
一定の条件とは、次の４点です。

- **旅行の期間が４泊５日以内であること**
- **旅行に参加した人数が全体の人数の50％以上であること**
- **欠席者に現金支給を行わないこと**
- **少額であること**

「少額って……具体的にはどれくらいですか？」

「１人あたり10万円くらいまでといわれています」

「じゃあ、海外旅行は厳しそうですかね……」

「条件に合うところは絞られてはきそうですが、逆にいえば、条件にさえ合えば決して不可能ではありませんよ！」

「ちなみに、夫婦２人だけの会社の場合、夫婦での旅行を『研修旅行』として福利

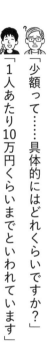

厚生費にすることはできるんですか？」

「本当に研修旅行なら、できますよ。ただし行程表や研修旅行のレポートを作成し、後で税務署に説明できるようにしておいてくださいね。間違いなく、『プライベートの旅行ではないか……？』と疑いの目で見られることになりますから」

「ギクッ！　説明できるようにしておきます」

「あと、ＳＮＳにも要注意です。経営者の方はＳＮＳで情報発信をすることが多いですが、その中で研修旅行のはずなのに『家族と旅行に来ました！』とか、観光地の写真ばかりをアップしていると矛盾してきますし、税務署の方々は事前にチェックしてくることもあるので不用意なＳＮＳ発信は控えるべきです」

6　保養所や別荘の購入

保養所や別荘などを会社として購入したり、借り上げたりした場合には、福利厚生費として経費にできます。ただし、次の条件を満たす必要があります。

- **利用者が受ける経済的利益が著しく多額でないこと**
- **従業員が全員利用できること**

郵 便 は が き

料金受取人払郵便

渋谷局承認

2087

差出有効期間
2025年12月
31日まで
※切手を貼らずに
お出しください

150-8790

130

〈受取人〉
東京都渋谷区
神宮前 6-12-17
株式会社ダイヤモンド社
「愛読者クラブ」行

本書をご購入くださり、誠にありがとうございます。
今後の企画の参考とさせていただきますので、表裏面の項目について選択・ご記入いただければ幸いです。

ご感想等はウェブでも受付中です（抽選で書籍プレゼントあり）▶

年齢	（　　　　）歳	性別	男性 ／ 女性 ／ その他
お住まいの地域	（　　　　）都道府県　（　　　　）市区町村		
職業	会社員　経営者　公務員　教員・研究者　学生　主婦 自営業　無職　その他（　　　　）		
業種	製造　インフラ関連　金融・保険　不動産・ゼネコン　商社・卸売 小売・外食・サービス　運輸　情報通信　マスコミ　教育 医療・福祉　公務　その他（　　　　）		

①本書をお買い上げいただいた理由は？
（新聞や雑誌で知って・タイトルにひかれて・著者や内容に興味がある　など）

②本書についての感想、ご意見などをお聞かせください
（よかったところ、悪かったところ・タイトル・著者・カバーデザイン・価格　など）

③本書のなかで一番よかったところ、心に残ったひと言など

④最近読んで、よかった本・雑誌・記事・HPなどを教えてください

⑤「こんな本があったら絶対に買う」というものがありましたら（解決したい悩みや、解消したい問題など）

⑥あなたのご意見・ご感想を、広告などの書籍のPRに使用してもよろしいですか？

1　可　　　2　不可

※ご協力ありがとうございました。

・利用状況がわかる書類を整備すること

「『役員だけが使っている』といったように利用者が限定されると、福利厚生費とは認められずに給与課税をされてしまいますから、気をつけてくださいね。あと、名目は従業員も使える体裁にしているだけで、従業員の方々は存在を知らなかったり、利用の仕方を知らなかったりすることもあります」

「気をつけます！」

最近は、利用権（会員権）の購入も増えてきました。その場合、利用権は資産計上し、施設等を実際に利用するときのサービス代が福利厚生費になります。

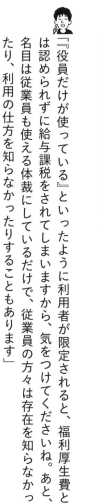

7　スポーツクラブやレジャークラブの会費

法人契約し、役員が私的に利用しておらず、社員の誰もが利用できるのであれば、スポーツクラブやレジャークラブの会費も給与課税されることなく、福利厚生費として経費処理できます。

ありがちな落とし穴として、「個人で立替払いして、法人で経費精算」してしまうと、福利厚生費にはできません。個人契約のまま経費にしようとしているものです。あくまでも法人契約、法人が会費を支払う必要があります。

8　社宅制度

第1章でも解説しましたね。役員が賃貸物件に住んでいる場合、会社がその物件を借りて社員や役員に社宅として転貸すれば、節税が可能になります。

会社は、家主に家賃を全額支払い、住む人から家賃の50％を徴収した残り、つまり「家賃の50％」を損金算入することができます。

会社としては、家賃の50％を損金算入でき、その分役員報酬を下げることで社会保険料の負担が軽減され、結果的に役員や社員は家賃を抑えられて手取りが増える。会社にとっても個人にとってもいいことだらけです。ただ、42ページで説明したように、「①賃貸契約は法人名義で行う、②支払いも法人が直接行う、③必ず役員本人が家賃の一部を負担する」必要がある点には気をつけてください。

9　勤続表彰

10年以上の長きにわたり勤続した従業員や役員に記念品を支給したり、旅行へ招待したりした場合には、所得税は課税されません。
ただし社会通念上、相当の額である必要があります。

「注意すべき点はありますか？」

「10年勤続表彰をした以後は、5年ごとに表彰」といったように、一定の間隔を空ける必要があります。

また、現金や商品券を渡したり、高額なものを贈ったりすると、給与課税されてしまいます。

「いくらまでなら問題ないんですか？」

「判断が難しいところですが……たとえば、勤続20年の社員を、夫婦で10万円の国内旅行に招待しても問題はない、というようなレベルですね」

10 慶弔費

役員や従業員に、出産祝いや結婚祝い、入学祝い、病気見舞い、香典などを支給した場合には、社会通念上相当と認められる金額であれば、課税はされません。

「たとえば結婚祝いであれば、いくらぐらいが妥当ですか？」

「5万円程度であれば問題はないでしょう。まぁこのあたりは相場がありますから、一般的に相当と考えられる額にしておくのがベターです」

11　制服代

業務上必要な制服や作業服を従業員に支給した場合、福利厚生費として計上できます。ただし、プライベートでも着用できるようなものはNGです。

「スーツの支給はダメなんですか？」

「スーツは特定の職場だけでなく、通勤やプライベートでも着用できますよね。そのため、スーツの支給は給与扱いの支出となり、課税対象になります。ネクタイや靴、靴下などについても同様です」

「そうなんですね……。では、職場以外では絶対に着ないようなド派手なスーツだったらどうでしょう？」

「どんなスーツか気になりますが……その場合は、福利厚生費として計上できると考えられます」

「なるほど！」

「本来だったら現物支給になるようなものでも、福利厚生費として認められるものを活用していくと、結果的に手取りが増えることにつながります。うまく活用していただきたいですね」

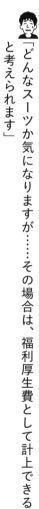

奥義4

インボイス到来！資産防衛のポイント

ついに始まったインボイス。何が、どう変わる？

「いよいよインボイスが始動しましたね。私のまわりの個人事業主たちも『これは死活問題だ』と大騒ぎをしています」

「そうですね。社会的に関心の大きいインボイスについてここで触れるとともに、改めて『消費税とはどのような税であり、どうすれば節税できるのか』も見ていきましょう」

「お願いします！」

消費税とは、商品の販売やサービスの提供などに対して課される税金です。税金は国のお財布に入るお金ですから、商品を売ったりサービスを提供したりして得た消費税は、本来、国に納めなければなりません。それはたとえ、事業が赤字であったとしても同じことです。

これまでは、課税売上高が１０００万円以下の事業者は「免税事業者」として、消費税の納税が免除されていました。

「これまでは免税事業者になることが、いわば『最強の消費税節税対策』でした。しかしインボイスが始まると、簡単に免税事業者を選びづらくなります。免税事業者は、取引を避けられる可能性があるからです」

「それはなぜですか？」

「免税事業者と取引しても、消費税の計算上、仕入れ分を差し引くことができず、課税事業者のほうが損をしてしまうからです」

「よくわかりません。どういうことですか？」

「消費税の基本的な話から解説しますね」

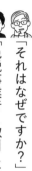

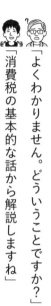

消費税のメカニズムを学ぶ

下の図は、消費税の流れを示したものです。

原則として、事業者は「売上の消費税」と「経費の消費税」の差額を納税する必要があります。

図の真ん中にいる小売業者を、長谷川さんだと仮定してみましょう。

小売業者の長谷川さんは、1万円の商品を販売した際、右側の消費者から、消費税1000円をもらっています。

一方で、7000円で商品を仕入れる際、左側の卸売業者に消費税700円を支払っています。

そのため、売上の消費税の1000円

インボイス前の消費税の流れ

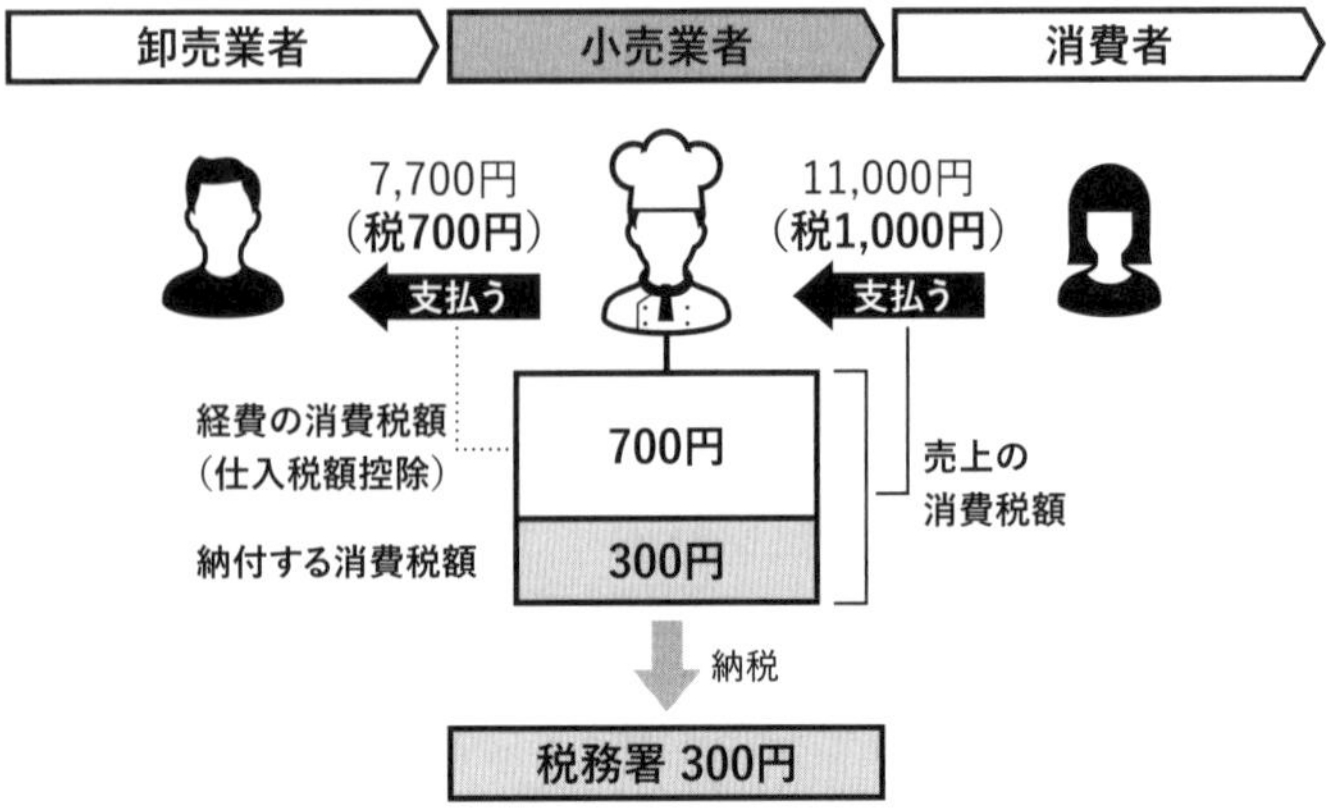

から、経費の消費税の700円を差し引き、差額の300円を税務署に納付することになります。

この「仕入れで支払った分を差し引く」ことを、仕入税額控除といいます。

インボイスで「お金の流れ」がこう変わる

「やっぱり難しいですね。で、これがインボイスによって、どう変わるのでしょう？」

「インボイス制度が開始されると、インボイス（＝適格請求書）によって証明できる消費税の動きだけが認められるようになります。下図の左側にいる卸売業者がインボイスを発行できる適格事業者であれば、小売

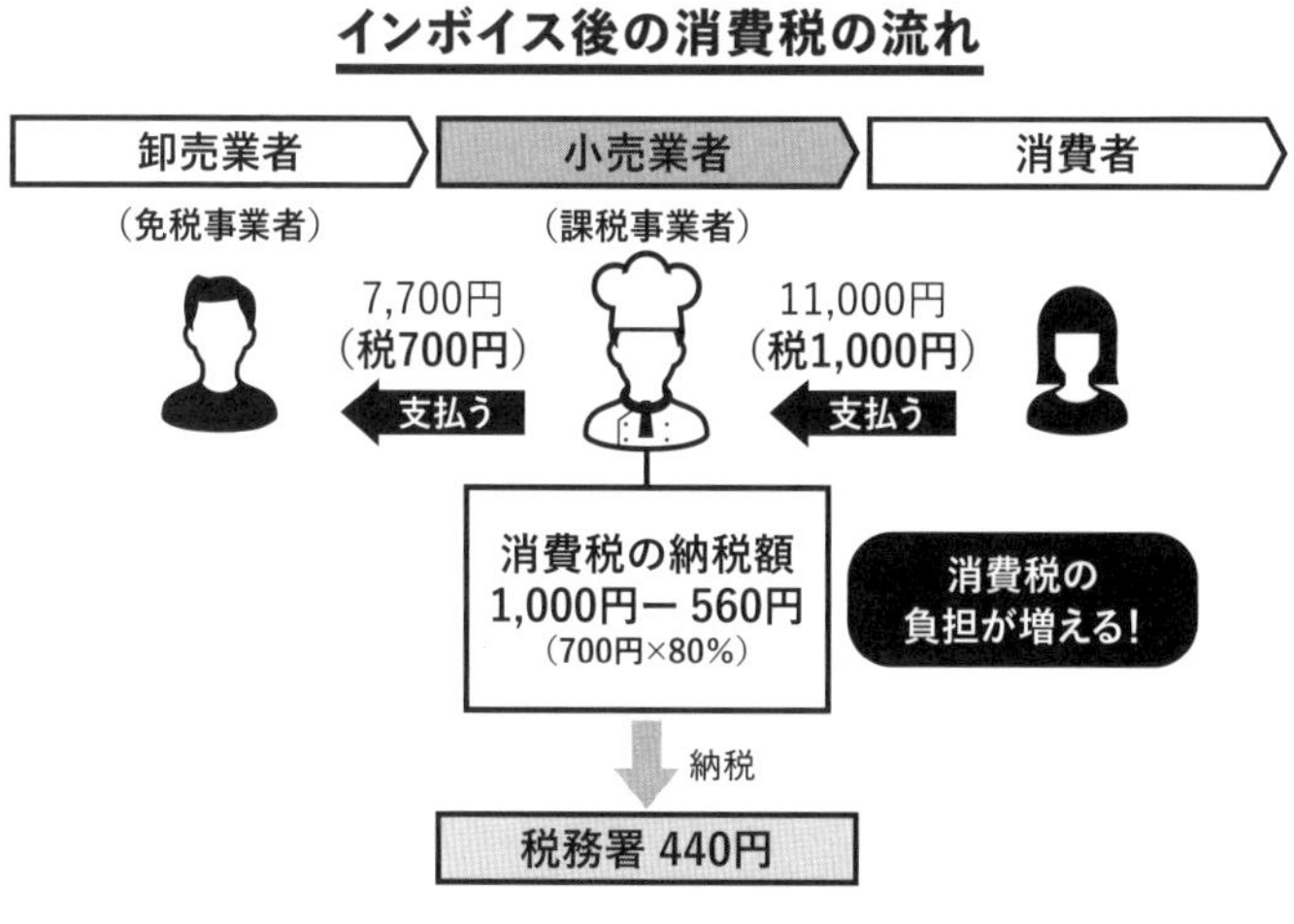

業者のハセさんは、これまで通り支払った消費税を差し引くことができるので、納税額は３００円で変わりはありません」

「はい、そうですね」

「しかし、この卸売業者が免税事業者だったらどうでしょう。インボイスは発行されませんから、消費税の動きは税務署に認められず、小売業者のハセさんは７００円を差し引くことができません」

「仕入れで７００円の消費税を払っているのに、それを差し引くことが認められないんですね……。つまり取引先が免税事業者だと、私がまるまる１０００円の消費税を納めなくてはいけなくなると」

「その通りです。しかし救済措置として、２０２６年9月30日までの取引なら、経費の消費税額の80%を引くことができます。その後3年間ごとに、引ける消費税の金額は50%、０%と変更される予定です。このため、まだ様子見をしている免税事業者も多くいるといわれています」

「そんな救済措置があるんですね。ありがたいですけど、将来的には消費税をまるまる納めないといけないんですね」

「そうですね。そのためインボイス開始後は、免税事業者との取引を控える動きが

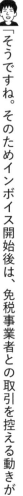

増えると予想されているんです」

「つまりこれからは、課税売上高1000万円以下の事業主も、消費税の節税策として『免税事業者であること』を活用するのは難しくなってくると」

「はい。すべてがNGというわけではありませんが、今後は『課税事業者として消費税を節税する方法』を考える必要が出てきます」

「その方法を、ここで教えてくれるわけですね」

「そうです！　節税策は大きなものから小さなものまで、たくさんあります。まず検討してほしいのは『2割特例』『簡易課税』という納税方法を選択できるかどうかです」

絶対知っておくべき「2割特例」

まず期間限定の節税策をご紹介します。

インボイス制度を機に、免税事業者から「インボイス発行事業者」として課税事業者に転向した人は、インボイス制度開始からしばらくの間、「売上の消費税額×20％」を消費税の納税額とすることが認められます。

「売上の消費税額の2割だけを納税すればいいから『2割特例』と呼ばれているんですね」

「そういうことです」

「『インボイス制度開始からしばらくの間』とは、具体的にはどれくらいの期間になるんですか？」

「2023年10月1日から2026年9月30日までの日の属する各課税期間となります。つまり2023年度分、2024年度分、2025年度分、2026年度分と、計4回の申告で活用できます」

「『2割特例』を受けるための手続きは必要なんですか？」

「いいえ、特に必要ありません。インボイス制度を機に、免税事業者から『インボイス発行事業者』として課税事業者に転向した人は、特例を受けられます。ただし原則として、2期前の課税売上高が1000万円以下である必要があります」

選ぶだけで節税できる!?　簡易課税の仕組み

消費税は原則、「売上の消費税」と「経費の消費税」の差額を納税します。このように実際にかかった売上や経費から計算する方法を「本則課税」といいます。

一方、ここでご紹介する「簡易課税」は、売上と業種から、納付する消費税額をざっくり計算する方法です。

「そんなことができるんですか？」

「はい。売上の消費税に、業種ごとの『みなし仕入れ率』を掛けて計算します。各業種のみなし仕入れ率は、下図の通りです」

簡易課税の計算式

納付する消費税額＝売上の消費税額－（売上の消費税額×みなし仕入れ率）

「みなし仕入れ率が高ければ、それだけ多く差し引ける、ということですか」

簡易課税の区分とみなし仕入れ率

業種	みなし仕入れ率
第一種事業（卸売業）	90%
第二種事業（小売業）	80%
第三種事業（製造業等）	70%
第四種事業（その他の事業）	60%
第五種事業（サービス業等）	50%
第六種事業（不動産業）	40%

みなし仕入れ率が大きい卸売業や小売業は、簡易課税を選ぶと有利

「その通りです。仕入れが少なくて粗利が多いような業種の場合には、実際の仕入れ額よりも多く差し引くことができるため、簡易課税を選択したほうが節税になります」

「どんな業種が有利ですか？」

「みなし仕入れ率が大きい卸売業や小売業は有利になる可能性があります。また、消費税の対象とならない人件費が多くかかる事業も簡易課税が向いています。これは士業やコンサルタント業などですね」

また、インボイスの影響で、これまで免税されていた事業者が課税事業者になる場合も、簡易課税で節税になる可能性があります。経理処理も楽ですから、まずは簡易課税から検討するのがオススメです。

簡易課税の場合、売上側（請求書を出す側）はインボイスが必要ですが、経費側（領収書やレシートをもらう側）はインボイス管理が不要になります。

「簡易課税にするうえでの注意点はありますか？」

「次の3点です」

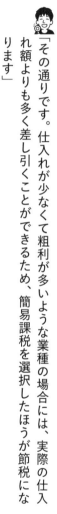

- 簡易課税を選択すると、その後2年間は継続して適用しなければいけない
- 制度の適用を受けようとする課税期間の前日までに、税務署に届出が必要
- 基準期間（前々事業年度）の課税売上高が5000万円を超えると、本則課税が適用される

「事前に届出が必要で、課税売上高が5000万円を超えると簡易課税は使えないんですね」

「そうなんです。ということでここからは、本則課税で計算する場合の節税策をご紹介します」

知らないと絶対損する節税ノウハウ5選

①出張旅費制度

国内の出張のために支給した出張旅費・宿泊費・日当については、通常必要であると認められる部分の金額は課税仕入れになります。

つまり仕入税額控除ができて、納付する消費税を減らす効果があるのです。ただし、海外出張は対象外です。

「この制度を利用するには、何が必要なんですか？」

「前項でもご紹介した、出張旅費規程を整備する必要があります」

「日当は給与のように消費税が不課税ではなく、課税仕入れとして処理できるのはお得ですね！」

②協賛金

地域のお祭りなどへの協賛金も、内容によっては消費税を減らす効果があります。

「『内容によっては』とは、どういうことですか？」

「お祭りの協賛金を支払う代わりに、提灯に企業の名前が載るような場合ですね。会社が自社の宣伝のために協賛金を支払った場合は『広告宣伝費』に該当し、課税仕入れとなるんです」

「なるほど、それで消費税の節税につながるんですね」

「はい。ただし自社の名前が載ったり、アナウンスされたりといった見返りを受けずに、単に地域貢献として協賛金を支払うと、これは『寄付金』に該当し、課税仕入れにはなりません。ご注意ください」

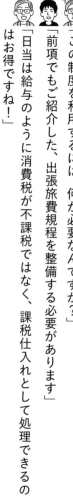

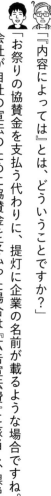

③収入印紙

収入印紙は郵便局やコンビニで購入するのが一般的ですが、これだとすべて非課税扱いになってしまいます。

しかし金券ショップで購入すると、消費税が課税されていますから課税仕入れとなり、仕入税額控除ができます。

「どこで購入するか、で扱いが変わるんですね！」

「はい。たとえば、本来1万円の収入印紙を金券ショップにて9900円で買った場合、900円の消費税を支払ったことになります」

「つまり900円分の消費税を相殺できるわけですね！」

「そういうことです。収入印紙を購入する機会が多い不動産業では、節税効果が大きくなります」

④設備投資

「先生、ここまで3つの方法をご紹介いただきましたが、正直どれもちょっと地味な気が……。もっとガツンと節税できる方法も教えてほしいです！」

「わかりました。そこまでおっしゃるのなら……消費税の還付が受けられるかもしれない方法をご紹介しましょう」

「そんな方法があるんですか!?」

「はい。それが『設備投資』です」

設備投資をするときには、投資金額と一緒に消費税を負担しています。

この消費税は仕入税額控除の対象となりますから、大きな節税効果が期待できるのです。設備投資額が大きければ、消費税が還付になる可能性もあります。

「大規模な設備投資を行うと支払う消費税も大きくなるから、差し引く額も大きくなり、売上の消費税を上回ると還付になる、ということですね」

「そういうことです」

「ちなみに『設備投資』といっても、購入ではなくてリースの場合はどうでしょう?」

「リースでも大丈夫です。大型のリースを組む場合には、リース総額の消費税分をリース契約した事業年度の課税仕入れとすることができます」

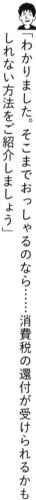

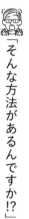

「なるほど。ところで、設備投資を行って消費税の還付を試みる際、注意するポイントはあるのでしょうか？」

「ポイントとしては、消費税の還付を受けられるのは『本則課税で納付する課税事業者』のみということです」

「簡易課税だと還付が受けられないんですか？」

「はい。簡易課税の場合、納めた消費税額は、みなし仕入れ率を用いて計算している『およその金額』であり、実際に支払った正確な納税額ではありません。そのため、たとえ実際に支払った消費税額がものすごく大きかったとしても、還付を受けることはできないんです」

「そうなんですね。簡易課税には『2年縛り』がありますから、近々大規模な設備投資を予定している場合は、どちらの方式で納付するべきか、よく検討する必要がありますね」

⑤業務委託費

役員報酬や従業員への給与は不課税ですから、いくら払っても消費税を安くすることはできません。

しかし同じ人件費でも、業務委託費や、人材派遣会社に支払う人材派遣料、外注費などは課税仕入れとなり、仕入税額控除の対象となります。

「外注や人材派遣をうまく活用することで、消費税の節税ができるんですね。外注だったら社会保険料も不要ですし、人件費を削減できますね」

「はい。しかし注意点もあるんです」

外注費は税務調査でよくチェックされるので気をつけてください。

「契約書がない」など、外注としての実態がないとみなされてしまった場合は、外注費でなく給与と判断され、追徴課税となるケースもあります。

「外注としての実態がある」と判断されるためには、次のような基準を満たす必要があります。

- **契約が雇用契約ではなく請負契約となっている**
- **事業を行ううえで指揮管理を受けていない**
- **役務提供に係る材料や用具を供与していない**

このような客観的に確認できる基準を満たし、給与受給者と明確に分けることで、消費税の仕入税額控除の対象とすることができます。

「なるほど。明確に区別できていれば、たとえば警備とか清掃などを外部に委託している場合の業務委託費は、消費税を減らす効果があるんですね」

「そういうことですね。ただもうひとつ、注意していただきたい点があるんです。ここがまさに、インボイスと関連のある部分です」

インボイスが始まると、仕入税額控除をするには、適格請求書を発行してもらう必要があります。

しかし委託業者が課税売上高１０００万円以下の免税事業者だった場合は、そのままだと仕入税額控除ができないことになります。委託業者に適格請求書を発行してもらう必要が出てくるのです。

「これは見落としがちなポイントですね。インボイスの影響は、いろんなところに出てくるんですね」

業種限定の超節税術とは？

輸出入を行っている事業者は、消費税を大きく節税できる可能性があります。

まずは輸入業者の場合です。商品を輸入で仕入れる際には、関税と輸入消費税がかかります。この輸入消費税は、消費税の確定申告時に控除することができます。

「外国から輸入するのに消費税がかかるのが少し不思議ですが……これをモレなく控除することが大事なわけですね」

「そういうことです！」

また、輸出売上がある会社は、消費税還付の可能性があります。

輸出取引は消費税が免除されます。「経費の消費税」が「売上の消費税」を上回って、還付になる可能性が高くなるのです。

「ただし繰り返しになりますが、簡易課税を適用していると還付を受けることはできませんから注意してくださいね」

「ありがとうございます！　簡易課税と本則課税の選択は、消費税の還付も絡んでくる大事なところですから、専門家とも相談しながら、慎重に検討したほうがよさそうですね！」

「そうですね。売上規模、業種・業態によって、さまざまな選択肢がある制度だと思います。期間限定ではありますが、2割特例の検討も忘れないでくださいね」

第3章

1円でも多くお金を残す「税務戦略」

プライベートな支出、社長はどこまで経費にできる？

そもそも「**経費**」って何なんだ？

「今度、仕事用のスーツを新調しようと思っているんですよ」

「いいですね！」

「ちょっと値段は張るんですけど、どうせ仕事で使うものだし、経費にすれば節税になるし、いいかなと思って」

「おっと、それはいけません！　第2章でも少し触れましたが、残念ながらスーツやカバン、靴などは経費にならないんですよ」

「えーっ。仕事で使うものなのに!?」

長谷川さんのような社長や役員も、くくりとしては「給与所得者」になります。給与所得者はみな給与所得控除を受けられます。これはいわば、会社員の「必要経費枠」です。収入に応じて一定額が給与から控除され、その額は最低でも55万円、上限は195万円となります。仕事で使うスーツ、カバンなども、この範囲で買ってください、ということになっています。

「『給与から控除』って……いったいどういうことですか？　私は会社から、お金もスーツももらっていない

スーツやカバンは経費で落ちない？

**⇒スーツやカバンなどの経費額は、
給与所得控除（サラリーマンの必要経費枠）に含まれているため**

んですよ？」

「イメージとしては『経費として使える額が、あらかじめ給与から差し引かれている』といった感じです。つまり、会社から給与をもらった段階でもう、スーツ代を含めて『最低でも55万円、上限は195万円』は経費として計上されているようなものなんですよ」

「なるほど。私が新たにスーツ代を経費として計上すると、それは『二重計上』になってしまうということなんですね？」

「そう考えていただいて間違いありません。控除については、第2章で詳しく説明しましたよね。ただ、ハセさんのように、『これは経費に入

「経費で落ちる、落ちない」の違いは？

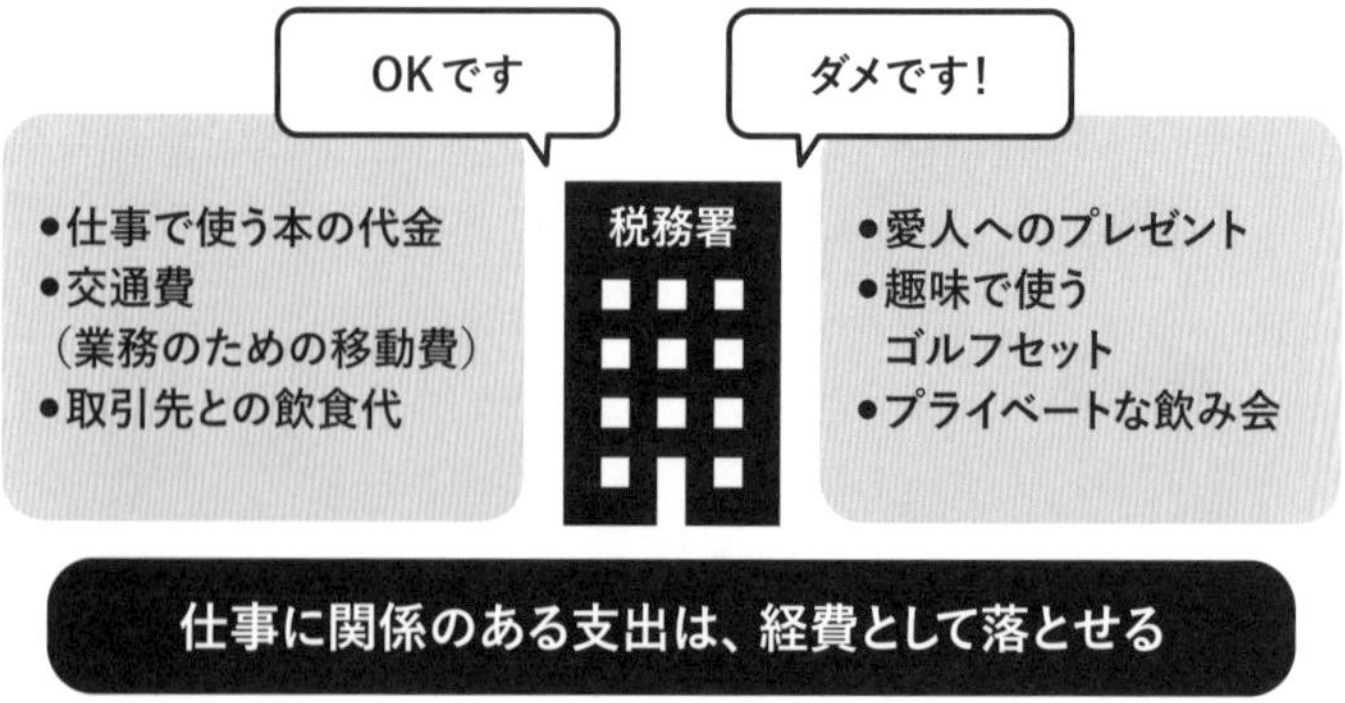
OKです
ダメです！
税務署
●仕事で使う本の代金
●交通費（業務のための移動費）
●取引先との飲食代
●愛人へのプレゼント
●趣味で使うゴルフセット
●プライベートな飲み会
仕事に関係のある支出は、経費として落とせる

れていいの？　ダメなの？』と迷ったり、『当然、経費に入れていいだろう』と処理したものの、後から税務署に指摘されて除外されたり、といった状況に直面している社長さんは本当に多いんですよ」

「やっぱりそうなんですね」

「中には『そんなの、経費として認められるわけないじゃないですか！』と思うようなものまで、経費として処理しようとする人もいます」

「へー。それってたとえば、どんなものですか？」

「愛人へのプレゼントや、趣味で使うゴルフセットの領収書を、あたかも仕事で使った経費のように申告していた例は聞いたことがあります。いずれも、のちに税務署の指摘で見つかってしまったんですけどね」

「細かいところまで見つけてくるんですね」

「本当ですね。税務署は侮れません。まずは『社長は、なんでもかんでも経費として会社のお金を使える』という根本的な誤解をしないよう、『そもそも、経費とは何なのか』から確認していきましょう」

「お願いします！」

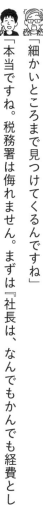

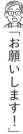

経費とは、事業を行ううえで必要不可欠な費用を指します。逆にいえば、「売上に関係のない出費は、経費ではない」ということです。これが大原則です。

法人税をはじめとする、法人にかかる税金は、「収入から必要経費を引いた利益」に税率を掛け合わせて計算します。そのため、経費を多く計上すればその分、法人の利益は圧縮され、結果として節税につながります。

だから多くの社長さんは、なるべく広い範囲の支出を経費として計上し、利益を少なくしたいと考えるんですね。

「そして、出費を会社として経費で落とすメリットは、これだけではありません」

「えっ、まだあるんですか？」

６００万円の車を会社で買うと？

「法人で買ったほうが、用意するお金が少なくてすむ」のも大きなメリットです。

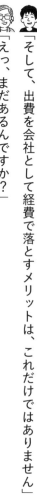

たとえば社長個人が自動車を買う場合、その購入資金は所得税や住民税などが引かれた「税引き後」のお金となります。

長谷川さんが、６００万円の自動車を購入するとしましょう。所得税・住民税合わせて税率50％とすると、長谷川さん個人が６００万円のレクサスを買うために会社が支払う役員報酬は、１２００万円ということになります（便宜上、社会保険料は除外しました）。

しかし、会社が自動車を購入するとしたらどうでしょう。

所得税・住民税が引かれる前に会社の経費にできますから、用意するお金はなんと６００万円ですみます。

「単純に、所得税・住民税分の６００万円が浮くわけですね！　これはものすごいメリットですね！」

「だからこそ、多くの社長さんがなんでもかんでも経費で買おうとして、見つかって税理士や税務署から怒られることになるんです」

「肝に銘じます」

「ハセさんや読者のみなさんがそんなことにならないよう、本項では、『何が経費になり、何が経費にならないか』を具体例でひとつひとつ解説していきますね」

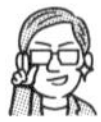
「お願いします！　じゃあ、まずは……」

Q1　個人名義の車のガソリン代、車検代、保険料は経費にできる？

「答えは……できます！」

「おっ、できるんですね！　個人名義だと厳しいのかなと思っていました」

「ただし条件があるんです。順を追って説明しますね」

まず大前提として、法人名義で自動車を購入する場合は、問題なく会社の経費にできます。自動車は固定資産となりますから、取得価額や法定耐用年数をもとに、毎年の減価償却費を計上していきます。

また、関連するガソリン代や車検代、修理代、自動車保険料なども経費として計上できます。

社用車をプライベートでも使用する場合は、使用する時間や距離などにより、「業務」と「プライベート」を按分する必要が出てきます。

もしも1週間のうち、平日5日間は仕事で使い、土日は買い物や趣味のために使っているのであれば、7分の5だけが経費になります。

「ここまでは、法人名義で自動車を購入した場合の話です。続いて本題である、『個人名義で購入した自動車の費用を、法人で経費にする方法』を見ていきます」

「お願いします！」

個人名義で購入した自動車の費用を法人で経費にするには、「①法人が買い取る」「②合意書を作成する」「③賃貸借契約を結ぶ」の3つの方法があります。それぞれ見ていきましょう。

①法人が買い取る

個人から法人へ車両を売却し、名義を法人名義に変更します。すると、法人の経費にできるようになります。最もオーソドックスな方法です。

②合意書を作成する

③賃貸借契約を結ぶ

ローンや保険などの諸事情で、法人への名義変更が難しい場合は、個人・法人間で合意書を作成したり、賃貸借契約を結んだりすることで、法人の経費にできます。

ただしこの場合は、「車両管理表」を記録し、法人の事業で車両を使用していることを証明できるようにしておく必要があります。

「なるほど、よくわかりました！　続いては……」

Q2 「自宅兼オフィス」の水道光熱費、家賃、インターネット料金は経費にできる？

「これは……△、ですかね。一部はできますが、全額を経費にするのは無理です」

「やはり、全額は無理ですか」

「はい。『仕事で使用した分』と『プライベートで使用した分』の按分が必要になります」

按分の割合に、具体的な規定や制限はありません。しかしもちろん、好き放題に「仕事での使用分」に含めていいわけでもありません。重要なのは「税務調査になったとき、税務署に内訳をきちんと説明できるかどうか」です。

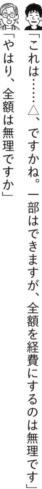

たとえば家賃を按分する場合は、生活用スペースと事業用スペースを明確に区分けしておき、仕事で使う面積の割合分だけを経費に計上するとわかりやすいですね。
水道光熱費も同様に、仕事で使った量（または時間）とそれ以外に分けることで、税務署が聞いても納得度の高い按分ができます。

「じゃあ……これはどうでしょう？」

Q3　仕事の情報収集のために読む有料メルマガの購読料、経費にできる？

「これも……できます！」

「おお、メルマガもOKなんですね！」

新聞、書籍、雑誌など事業に関する情報を集めるための購読であると説明できるものは、「新聞図書費」として経費計上することができます。
電子書籍ももちろんこれに含まれますし、有料メルマガや動画コンテンツを購入した場合も大丈夫です。

「意外と経費の範囲は広いものなんですね。じゃあこれはどうでしょう？」

Q4　税金の支払いは経費にできる？

「節税して、1円でも多く会社と社長個人にお金を多く残そう！　というのが本書の目的なのですが、そのうえ税金も経費にできたら最強じゃないか!?　と思いまして。先生、どうなのでしょう……？」

「実は……できないこともないです！」

「おお！」

「さすがにすべての税金を経費にするのは無理ですが、一部の税金は経費になります」

経費として計上できるのは、次の税金です。

- **事業税**
- **固定資産税**

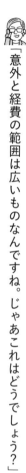

- 自動車税
- 不動産取得税
- 登録免許税
- 印紙税

これらは、「租税公課」として経費計上できます。加えて消費税も、租税公課として計上できる場合もあります。

「固定資産税や不動産取得税は結構金額が大きくなりますから、計上できるのはありがたいですね」

「そうですね。ただ、租税公課のうち、次のものは経費にできません」

- 「法人税」などの、法人の利益に課される税金
- 「所得税」などの個人にかかる税金
- 国税・地方税などの加算税、延滞税
- 罰金

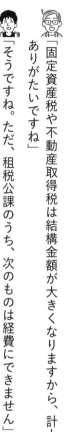

「ペナルティとして課せられたお金が経費になり、法人税が安くなるのでは、道理としておかしいですもんね」

「そういうことですね」

「じゃあ続いては……」

Q5 飲食費は経費にできる？

「これも……場合によります！」

「ですよねー」

「もちろんプライベートの飲食費を経費にするのは御法度ですが、取引先との会食や、打ち合わせをしたときの飲食費は経費計上できます。ただしこれにも、一定のルールがあります」

「どんなルールですか？」

１人あたりの支出金額が５０００円以下の場合は、会議費として経費に計上できます。会議費には総額としての上限がありませんから、全額経費で落とせます。

一方、1人あたりの支出金額が5000円を超えると、接待交際費として経費に計上できます。

しかし資本金1億円以下の中小企業には、交際費として計上できるのは年間800万円までという上限があります。

「つまり、5000円以下の会食費は『会議費』として計上できるので、接待交際費の枠を使う必要がないというわけですね」

「そういうことですね」

「ちなみになんですけどね、先生、取引先との打ち合わせが、たまたま、偶然、なぜか銀座のちょっとお高いクラブになってしまった場合、これも経費にしていいんですか？」

「たまたま、偶然ですか？」

「たまたま、偶然です」

「……まぁ偶然にしろ意図的であるにしろ、仕事で行く場合には基本的には経費になります。ただし必ず記録を残しておいてくださいね」

「わかりました！　では最後に……これはどうでしょう？」

Q6　高級腕時計の購入代金は経費にできる？

「もちろん、ダメもとで聞いているんですけどね。仕事用に高級腕時計を買った場合は、経費にしてもいいのかなーと思いまして」

「これは……絶対にダメです！」

「……まぁ、スーツがダメな時点でそうですよね」

「そういうことです！」

経費計上するうえでの、2つの注意点

「さて、ここまで6つの具体例から『経費になるのか否か？』を探ってきました。最後に、経費計上するうえでの注意点を2つご紹介します」

注意点1　税務調査で指摘される可能性

スーツや高級腕時計のように、本来経費にならないものを経費として計上していることが税務調査時に発覚すると、それを給与として修正されることがあります。

すると法人税・消費税・源泉所得税が増え、さらに延滞税などがプラスされてしまいます。

節税のために無理矢理経費を増やしたがために、かえって損をしてしまうことになります。経費として処理できるかどうかわからないときは、顧問税理士に判断を仰ぐのが賢明です。

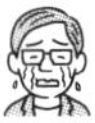

「こんなことになったら、目も当てられないですね。経費のルールはしっかり守るようにします」

「税務調査対策については、お伝えしたいことがたくさんあるので、第6章で詳しくお話ししますね」

注意点2　資金調達への影響

節税のためにやたらと無駄な経費を使い、利益を減らして赤字経営にしていると、銀行からの融資を受ける際の審査が厳しくなり、断られてしまう可能性が高まります。融資を受けて資金調達できるかどうかは企業にとっての生命線。いざというときに融資を受けられないのは即、死活問題につながります。

節税対策をするにしても、いざというときに資金調達できるかどうかまでを視野に入れておく必要があるのです。

「つい目先の税金に目がいき、『これをなんとか減らせないか……』と考えてしまうのですが、そのような場当たり的な節税を積み重ねていると、本当にいざというときに手が打てなくなってしまうんですね」

「そういうことですね」

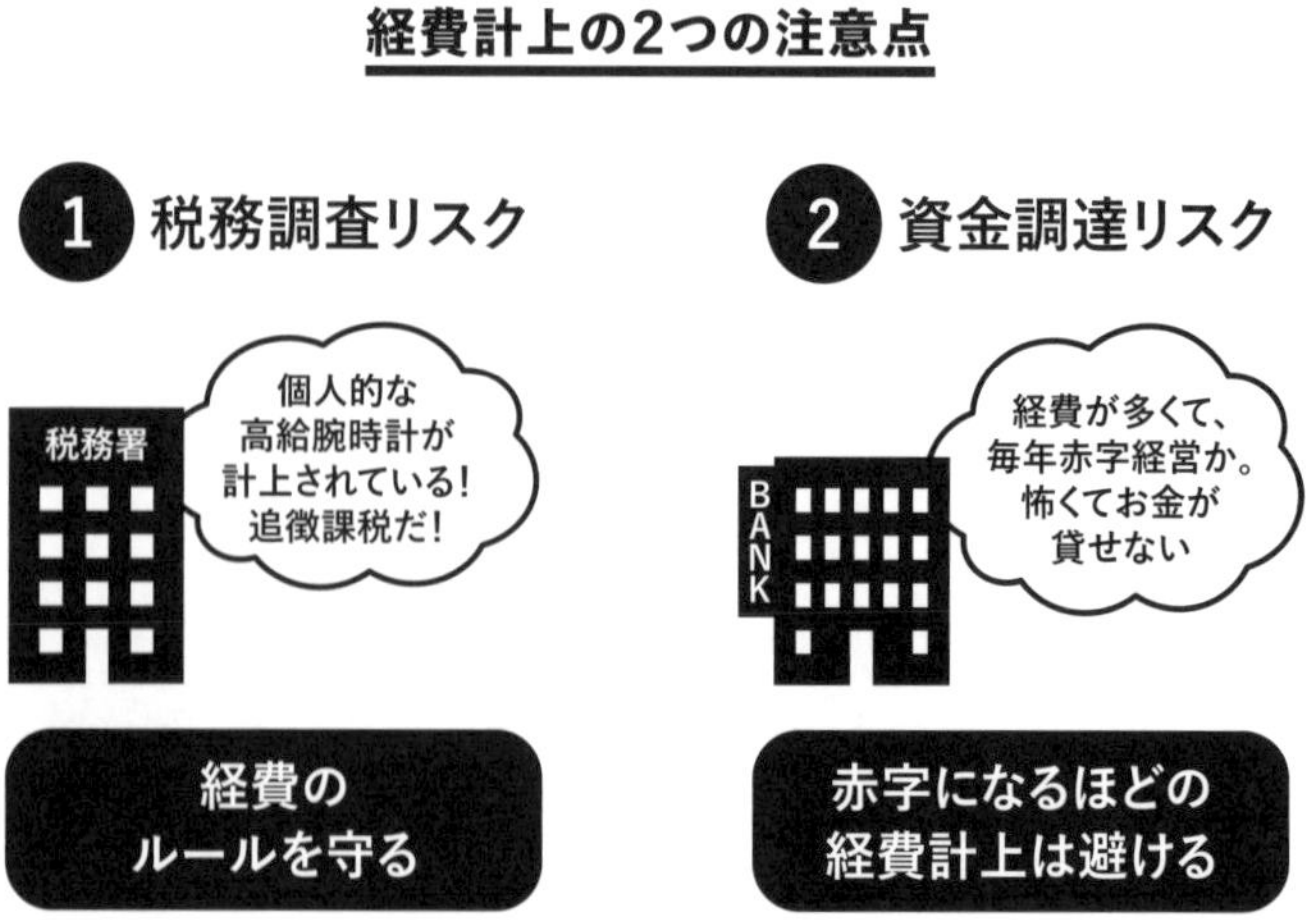
経費計上の2つの注意点
1 税務調査リスク
税務署
個人的な
高給腕時計が
計上されている!
追徴課税だ!
経費の
ルールを守る
2 資金調達リスク
BANK
経費が多くて、
毎年赤字経営か。
怖くてお金が
貸せない
赤字になるほどの
経費計上は避ける

青色申告の「5つのメリット」をフル活用

白色申告でも、帳簿はつけなきゃダメです！

「先生、街中の掲示板を見ていると、青色申告を勧めるポスターがけっこう貼ってありますよね。一方で、知り合いの個人事業主の中には、『青色申告は白色申告に比べて手間がかかるし難しい。自分は白色申告のままでいいや』と言っている人もいます」

「確かにそう考えている人もいますね」

「これってつまり、青色申告にするメリットが、納税者に伝わり切っていないいんじゃないですかね？」

「そうかもしれませんね。ここで、青色申告について整理しておきましょう」

個人事業主の確定申告には、白色申告と青色申告の2種類があります。何もしなければ、自動的に白色申告になります。

青色申告を選択すると、長谷川さんがおっしゃっていたように必要な作業が増えます。ですが、その分、のちほどご説明する5つの税務メリットが用意されています。

さて、ここで解いておきたい誤解がひとつあります。

かつての白色申告は、事業所得が３００万円以下であれば帳簿をつける義務がありませんでした。しかし法改正によって、２０１４年1月以降は、すべての白色申告者に記帳と帳簿類の保存が義務づけられています。そのため、「楽だから」と白色申告を選択するメリットは、以前に比べて少なくなりました。

「えーっ！　そうだったんですね。白色申告でも、青色申告でも、帳簿はちゃんとつけないといけないんですね」

「そうなんです。だったら、5つの税務メリットを享受できる青色申告のほうがお得だと考えられます」

白色申告でも、税務調査は来る！

「でも先生、白色申告だと税務調査が来ないと聞いたことがあります。もしも、きわどいラインで節税しても税務調査が来ないのであれば、これは相当なメリットじゃないですか……？」

「いや、それは都市伝説ですよ。『白色申告だと税務調査が来ない』なんてことはありません」

「じゃあ……なぜそんな都市伝説が生まれたんでしょう？」

「白色申告を選択している事業者のほうが、青色申告をしている事業者よりもまだまだ多いのが現状です。そのため、怪しい申告に対して税務調査に入った件数があったとしても、割合としてはかなり低い数字になるからだと思います」

「なるほど。白色申告なら何をしてもセーフ！……ではなくて、白色申告でも税務調査は来るということですね」

「そうですね。白色申告の税務調査については、ポイントを絞って簡易的な調査（日数や調査時間が短い調査）が行われることも多いため、青色申告の事業者の税務調査と温度感が少し異なる傾向にありますね」

メリット①　最高65万円の特別控除が受けられる

「さて先生、さっきからもったいぶっている『青色申告・5つの税務メリット』をそろそろ教えてくださいよ！」

「わかりました！」

青色申告には、次の5つの税務メリットがあります。

税務メリット①　最高65万円の特別控除が受けられる
税務メリット②　赤字を3年繰り越せる
税務メリット③　専従者給与を全額経費にできる
税務メリット④　30万円未満なら一括で経費にできる（合計300万円まで）
税務メリット⑤　貸倒引当金を計上できる

ひとつずつ見ていきましょう。まずは「税務メリット①　最高65万円の特別控除が受けられる」です。

青色申告をすると、最高65万円の特別控除が受けられます。所得から最高65万円を差し引き、所得税・住民税・国民健康保険税の計算を行うことができるのです。

白色申告では青色申告特別控除（10万円～65万円）がないので、なんと最大65万円もの差額が生まれることになります。

なお、最大65万円の控除は、「事業所得」もしくは「不動産所得」のある個人事業主のみが受けられます。

メリット② 赤字を3年繰り越せる

青色申告をすると、赤字を翌年以降、個人事業主で最長3年間の所得から差し引くことができます。下図のようなイメージです。

白色申告の場合は、たとえ今年赤字

青色申告の繰越控除を活用する

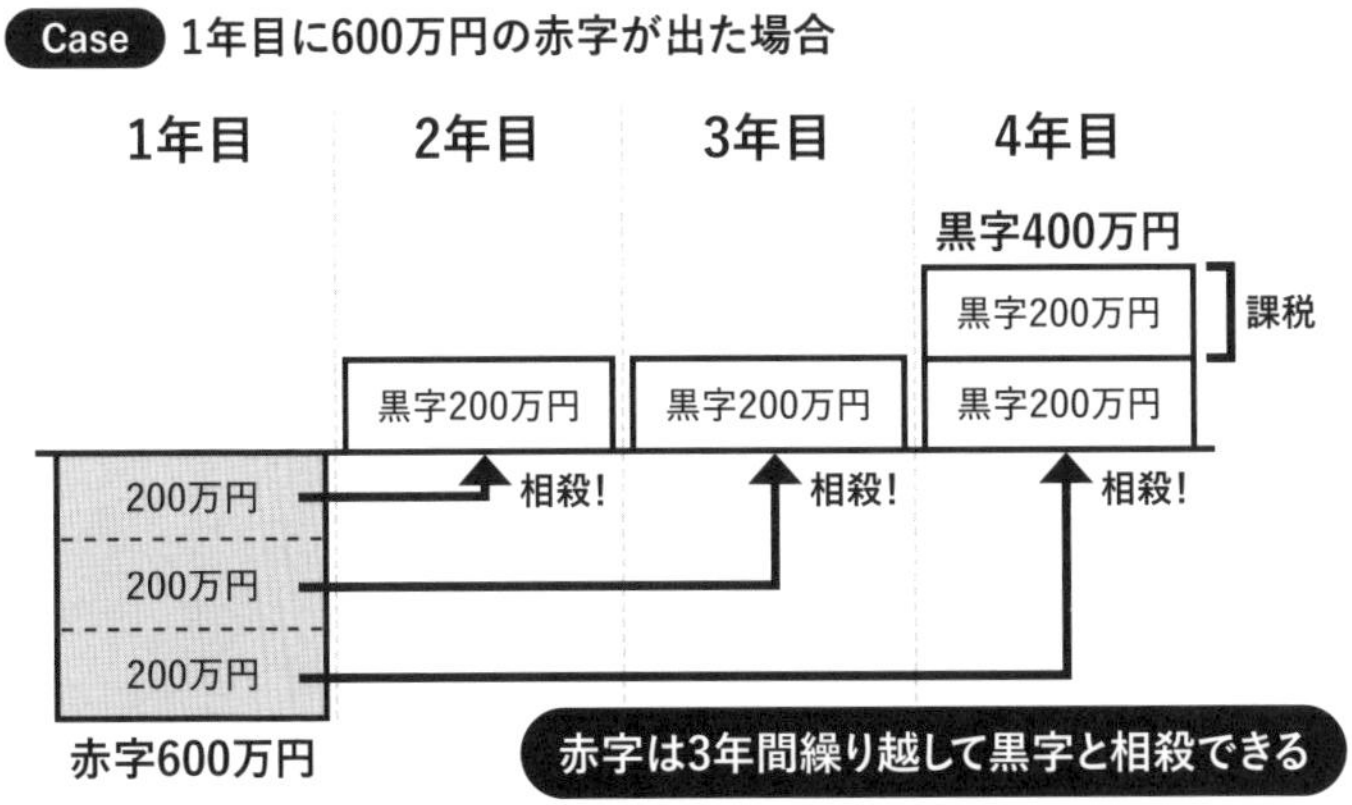

だったとしても、翌年が黒字なら、税金を支払わなければなりません。

起業後すぐは、何かと物入りでお金がかかるうえに、仕事をとるのも簡単ではなく、黒字を出すのは難しいでしょう。そこで青色申告を活用すると、「1年目に赤字を貯めておき、2年目以降の黒字と相殺することで、大きな節税メリットを得る」といったことも可能になります。

つまり起業したての人こそ、青色申告がオススメだといえます。

メリット③　専従者給与を全額経費にできる

青色申告をすると、家族従業員に給与を支払った場合、その給与が適正な水準である限りは全額を経費にすることができます。一方の白色申告では、配偶者で86万円、その他の親族で50万円までしか控除されません。

手伝ってくれている家族にお金を渡すことは、個人事業主や中小企業であればよくあります。これを全額給与にし、かつ経費にできるわけです。

月10万円ずつ渡していたとして、年間で120万円。もちろん給与として払うと社会保険料などもかかってくるのですが、差し引きすると給与で経費計上するメリットのほうが勝ります。

「全額経費として計上できるのは、とても大きなメリットですね！」

「ただ、大きなメリットであるからこそ、条件や注意点がいくつかあるんです。ここでしっかり確認しておきましょう」

青色事業専従者の条件・注意点

条件

・青色申告者と生計を一にする、配偶者や15歳以上の親族であること
・その年に6カ月以上事業に従事していること
・外部から給与をもらっていないこと

注意点

・事前に税務署に届出が必要
・労働の対価として相当と認められる金額でなければならない

「条件や注意点が多いですね。生活費を同じ財布から出している、継続的に働いている、ほかの職場で働いたりしていない。これらの条件を満たさないと経費にはできない、ということでしょうか」

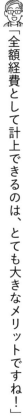

「その通りです。加えて、支払う給与は、労働の対価として相当と認められる金額でなければなりません」

「『労働の対価として相当と認められる金額』って、決めるのがなかなか難しいですよね。多めに渡したらまずいんですか？」

「まずいです。かつて税務調査で、副業でアパートの賃貸経営をしている会社員が、奥さんに不当に給与を払いすぎているとして否認されたケースがあります」

「そんなことがあったんですか！」

「奥さんに給与を支払う妥当性は、奥さんがどれほど賃貸経営の経験を持っていて、どれくらい働いているか、いわば『奥さんの賃貸経営能力』によって判断されます」

「なるほど。好き勝手に決められるわけじゃないんですね」

「そうです。この事例では、奥さんにアパート経営の経験がなく、すべて管理会社が業務を行っていたんです。そのため最高裁で、『年間１００万円の給与でも妥当ではない』という判決が出たんですよ」

「働いている実績や能力がないのに、名目だけで給与を支払うのはダメなんですね」

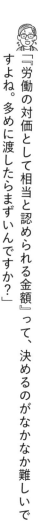

メリット④
30万円未満なら一括で経費にできる（合計300万円まで）

通常、10万円以上のものを購入した場合は、固定資産として法定耐用年数に応じて減価償却します。

たとえ、仕事で使うパソコンを20万円で買ったとしても、全額をその年の経費にすることができないのです。この場合は、4年にわたって減価償却するため、毎年少しずつ費用計上する必要があります。

しかし青色申告であれば、「少額減価償却資産の特例」を受けることができます。「少額減価償却資産の特例」とは、30万円未満のものを一括で経費処理することができる制度です。29万9000円のパソコンを買った場合でも、全額その年に経費計上できるのです。

利益がたくさん出てしまいそうな年には、期末にこの制度を利用して、駆け込みで節税することもできます。

「『少額減価償却資産の特例』を活用する際の注意点はありますか？」

「税込経理をしている場合は、消費税込みで30万円以上になるとアウトです。一方、税抜経理をしている場合は、消費税抜きで30万円未満ならセーフです。また、1事業年度では３００万円が限度額となります」

「限度額には注意が必要ですね」

メリット⑤　貸倒引当金を計上できる

貸倒引当金とは、取引先が倒産などで支払い能力がなくなったときの損失額を予測し、計上しておくお金のことです。

青色申告をしている個人事業主は、年末に残っている売掛金や貸付金などの売掛債権・金銭債権に対し、５・５％（金融業の場合は３・３％）の額を、貸倒引当金繰入として必要経費に計上することができます。

貸倒引当金として計上できる債権には、売掛金、受取手形、貸付金、未収金などがあります。取引先の倒産や代金の不渡りはいつ発生するかわかりませんから、それに備えてお金を残しておけるのは心強いでしょう。

ただし注意点がひとつあります。

貸倒引当金繰入として必要経費に計上したものの、貸倒れがなかった場合には、翌年に「貸倒引当金戻入」として収入に計上してリセットする必要があるのです。

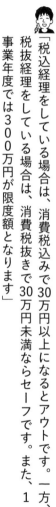

「ちなみに、とくに大きな利益が出た場合や、毎年右肩上がりで売上が伸び続けている場合は、貸倒引当金を計上することによって節税効果が期待できますよ」

「さすが先生！　抜け目ないですね！」

「あと、会計事務所に申告や記帳をお願いしている事業者の方も多いと思いますが、会計事務所側にとって、この貸倒引当金の計上は必ず計上しないといけないものではないため、計上されていないことが多いです。気になる方は申告書や決算書をチェックしてみてください」

青色申告の意外なデメリットとは？

「続いて、青色申告のデメリットを見ていきましょう」

「えーっ。デメリットもあるんですか？」

「デメリットと言っても、すでにみなさんご存じのことですよ。つまり『なんか難しそう』ということです」

「わかります！」

「白色申告で用いる単式簿記は、何に使ったかを記録していけばいいだけですから、『おこづかい帳』感覚で簡単につけられます。『いつ、何を、いくらで買ったか』

を記録するだけですね」

「そうそう、そうなんですよね」

「一方、青色申告は原則として複式簿記で記帳しなければなりません。複式簿記では、借方・貸方に分けて計上していかなければいけませんから、簿記の知識がないと帳簿づけが難しく感じるかもしれません。ただしこれが、唯一のデメリットです」

「どうにかして、青色申告を簡単にはできませんか？」

「最近のクラウド会計ソフトは、面倒な1年分の経費の入力も、銀行口座やクレジットカードを同期すれば自動で入力されるようになっていますよ。日付や金額だけでなく、勘定科目も推測して自動入力してくれます。これらのソフトを活用すれば、手間と費用を最小限に抑えることができますよ」

「ちなみに、オススメのソフトってありますか？」

「freeeやマネーフォワードクラウドが、ひとり社長など小規模でやっている方に人気ですね。パソコンがMacでも利用できるのがメリットです」

「節税で浮いた分のお金を会計ソフトに投資して苦手な部分をカバーし、得意なことで今まで以上に稼げばいいわけですね！」

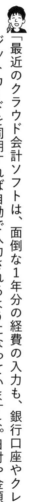

個人事業主は法人化したほうがいいの？しなくていいの？

法人化には3つのメリットがある

「先生、私の周りの個人事業主には、法人化して『ひとり社長』として働いている人もいれば、法人化せず、個人の名前のままでフリーランスとして働いている人もいます。個人事業主はみんな、法人化したほうがいいのでしょうか？　それとも、しなくてもいいものなのでしょうか？」

「個人事業主の法人化をサポートする仕事もしている私が言うとポジショントークになってしまいますが、それでも、法人化には大きなメリットがあるといえます」

個人事業主が法人化するメリットは、次の3点です。

メリット1　社会的信用が高まる

個人事業主と比べて法人は社会的信用が高いです。全部事項証明書（会社の登記簿謄本）を取得することができ、また、帝国データバンクなどで会社の決算書情報なども入手しやすくなります。

個人の場合は、こうした情報入手が難しいため、法人のほうが信用力があると言われており、取引先として信用されやすくなります。

メリット2　間接有限責任となる（合同会社や株式会社の場合）

個人事業主は、個人が主体となり、事業で生じた全責任を事業主が負います。これを「直接無限責任」といいます。

一方、法人は、個人とは別の法人格になります。そのため、事業で生じた責任も、経営者個人と切り離し、法人の財産の範囲内で負うことになります。これを「間接有限責任」といいます。合同会社や株式会社は、個人事業主と比べ、万が一のときのリスクを抑えられる、といえます。

メリット3　手元に残るお金が大幅に増える

「これについては話したいことが山ほどありますので、のちほどじっくり、詳しく見ていきましょう」

「楽しみです！」

「マイクロ法人」で、個人と法人の「いいとこ取り」をする

「さて、法人化にはこのように3つのメリットがあるわけですが、単に『個人』から『法人』へと鞍替えするだけでは、残念ながら、このメリットの半分しか享受できないんです」

「どういうことですか？」

「前項であげたように、個人事業主には個人事業主で、青色申告をした場合に得られる税務メリットがあるわけですよね。しかし単に『個人』から『法人』へと鞍替えするだけだと、『法人』としてのメリットを得る代わりに、『個人』としてのメリットをまるまる捨てることになってしまうんです」

「そうなんですか！」

「そこでオススメなのが、個人として働きながら、『設立した本人が社長となり、従

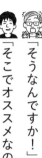

業員も雇わず、必要最低限の費用・設備で事業を営む形態の会社』をつくることです。これは『マイクロ法人』と呼ばれています。作家の橘玲《たちばなあきら》さんによる造語なんですけどね」

「つまり、個人事業主として働きながら、一方で、別の事業を始めて『ひとり社長』としての会社をつくるわけですね」

「その通りです。『マイクロ法人』をつくることで、個人と法人の『いいとこ取り』ができ、節税の効果を最大限に高めることができるんですよ」

「素晴らしい！　具体的に、どのような効果が見込めるんですか？」

「さっそく見ていきましょう」

「マイクロ法人」をつくれば、手元に残るお金が大幅に増える！

「マイクロ法人」化することで、個人にも、法人にも、手元に残るお金が大幅に増えます。その理由は主に、次の5つによるものです。

1　社会保険料を削減できる（ただし今後の改正には要注意）

2　所得税を節税できる

3　役員社宅制度を利用できる
4　消費税が免税になる
5　10年間の赤字繰越

ひとつひとつ見ていきましょう。

1　社会保険料を削減できる（ただし今後の改正には要注意）

個人事業主として国民健康保険で支払っていた保険料を、法人の社会保険に切り替えることで、保険料の負担を減らすことができます。

ざっくりとした数字でシミュレーションしてみましょう。

なお前提として、東京都在住、40歳、夫婦2人家族、子どもゼロ、個人事業主としての所得500万円とします。

◎個人事業のみの場合
　国民健康保険料　約70万円
　国民年金保険料　約40万円（2人分）

社会保険料の合計　約１１０万円

ここで、マイクロ法人を設立します。役員報酬額を年72万円に設定し、社会保険に加入、さらに配偶者を扶養家族にすると……。

◎個人事業＋法人の場合
健康保険料　約8万円
厚生年金保険料　約20万円
社会保険料の合計　約28万円

かなりざっくりとした試算ではありますが、マイクロ法人を設立することで、年間約82万円も保険料を減らせる計算になります。

地域や家族構成などによって計算は異なりますが、おおむねこのようなイメージと考えていただいて問題はありません。

「かなり減りますね！　どうしてこんなに減るんですか⁉」

社会保険料は、標準報酬月額をもとに算出されます。

個人事業主の場合は、収入が上がるほど標準報酬月額も上がり、社会保険料（主に国民健康保険料）も高くなります。

しかしマイクロ法人を設立し、マイクロ法人から給料を受け取ることで、公的保険が健康保険と厚生年金保険に切り替わります。

そしてマイクロ法人から受け取る役員報酬を最低額に設定すれば、社会保険料を大きく減らすことができるのです。

「『役員報酬を最低額』にするって、具体的にはいくらにすればいいんですか？」

次ページの図をご覧いただければわかるように、月6万3000円未満のときに、標準報酬月額の等級が最も低くなり、社会保険料が最も安くなります。

そのため社会保険料を抑えるのであれば、月6万3000円未満にするのが条件となります。

役員報酬を年間72万円に設定すると、ちょうど月6万円になりますね。おおむねこの数字が目安といえます。

役員報酬を最低額にすると、保険料は次のようにほぼ同額になります。

厚生年金保険料……月1万6104円
国民年金保険料……月1万6520円

「むしろ厚生年金のほうが安いくらいですね」

しかも、個人事業主が加入している国民年金保険には「扶養」という概念がありません。そのため、国民年金の場合、夫婦2人暮らしの世帯では2人分の国民年金保険料（月1万6520円×2＝3万3040円）が発生します。子どもに関しては親が国民年金・厚生年金にか

社会保険料を極限まで安くするには？

令和5年3月分（4月納付分）からの健康保険・厚生年金保険の保険料額表

・健康保険料率：令和5年3月分～　適用　　・厚生年金保険料率：平成29年9月分～　適用
・介護保険料率：令和5年3月分～　適用　　・子ども・子育て拠出金率：令和2年4月分～　適用

（東京都）　　（単位：円）

標準報酬 等級	標準報酬 月額	報酬月額 円以上	報酬月額 円未満	全国健康保険協会管掌健康保険料 介護保険第2号被保険者に該当しない場合 10.00% 全額	折半額	介護保険第2号被保険者に該当する場合 11.82% 全額	折半額	厚生年金保険料（厚生年金基金加入員を除く） 一般、坑内員・船員 18.300%※ 全額	折半額
1	58,000	～	63,000	5,800.0	2,900.0	6,855.6	3,427.8		
2	68,000	63,000 ～	73,000	6,800.0	3,400.0	8,037.6	4,018.8		
3	78,000	73,000 ～	83,000	7,800.0	3,900.0	9,219.6	4,609.8		
4(1)	88,000	83,000 ～	93,000	8,800.0	4,400.0	10,401.6	5,200.8	16,104.00	8,052.00
5(2)	98,000	93,000 ～	101,000	9,800.0	4,900.0	11,583.6	5,791.8	17,934.00	8,967.00
6(3)	104,000	101,000 ～	107,000	10,400.0	5,200.0	12,292.8	6,146.4	19,032.00	9,516.00
7(4)	110,000	107,000 ～	114,000	11,000.0	5,500.0	13,002.0	6,501.0	20,130.00	10,065.00
8(5)	118,000	114,000 ～	122,000	11,800.0	5,900.0	13,947.6	6,973.8	21,594.00	10,797.00
9(6)	126,000	122,000 ～	130,000	12,600.0	6,300.0	14,893.2	7,446.6	23,058.00	11,529.00

役員報酬を63,000円未満にすると、最も安くなる

かわらず、20歳以上で会社勤めをしていない人は国民年金に加入し、保険料を納めます。

一方、法人で加入する厚生年金では、収入が一定額以下の配偶者は第3号被保険者になるため保険料は不要です。また、健康保険料は扶養されている配偶者や子どもは支払いが不要になるため、被扶養者が増えるほど得する額が大きくなります。

「厚生年金の保険料には国民年金分も含まれていますから、原則65歳になったら国民年金と厚生年金の両方を受け取ることができます。負担が軽くなり、保障は厚くなる。いいことずくめですね！」

「はい！　……ただ先生、180ページの『1　社会保険料を削減できる』の後ろにある、『(ただし今後の改正には要注意)』がすごく気になるのですが……」

「そこなんです。社会保険料の削減は、マイクロ法人設立で得られる最大のメリットなのですが、今後の制度改正次第では、そのメリットを享受できなくなってしまうおそれもあるんですよ」

「ええーっ!?　そうなんですか!?」

「現に2024年10月から、社会保険料の適用範囲が、一定の基準を満たしたパー

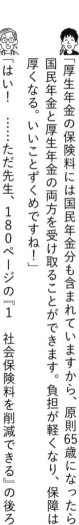

ト従業員にまで拡大するように、社会保険料を広範囲から徴収する流れができつつあります」

「高齢化社会ですから……まぁ、仕方ないといえば仕方ないですね」

「今後の動きはまだ断定できませんが、たとえば個人事業主にまで社会保険の適用範囲が広がったり、社会保険料の算定方法が変わったりする可能性もおおいに考えられるんです。社会保険料の削減に主眼を置いてマイクロ法人の設立を考えている人は、今後の改正を注視する必要があります」

「なるほど。ここは要注意ポイントですね」

「さらに……」

「ええっ、まだあるんですか⁉」

「はい。現在は『２０２５年には社会保険上の扶養制度をなくし、パートやフリーランス、請負など、すべての労働者を社会保険に加入させようか』といった議論まで行われているんです。まだ『確定』というわけではないんですけどね」

「いずれにしても、『マイクロ法人で社会保険料を削減』というスキームが今後、使えなくなる可能性もあるんですね。要注意ですね」

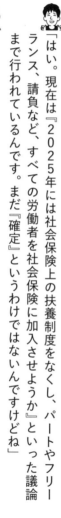

2　所得税を節税できる

マイクロ法人をつくると、税金の負担を分散させることができ、結果として節税につながります。

「？？？　分散するだけでなぜ税金が減るんですか？」

- **個人事業主としての所得だと**
  ……青色申告控除（最高65万円）
- **法人からもらう給与所得だと**
  ……給与所得控除（55万円以上）

このように両方の控除を受けられますから、課税所得を減らし、所得税を節税することができます。

マイクロ法人のメリット

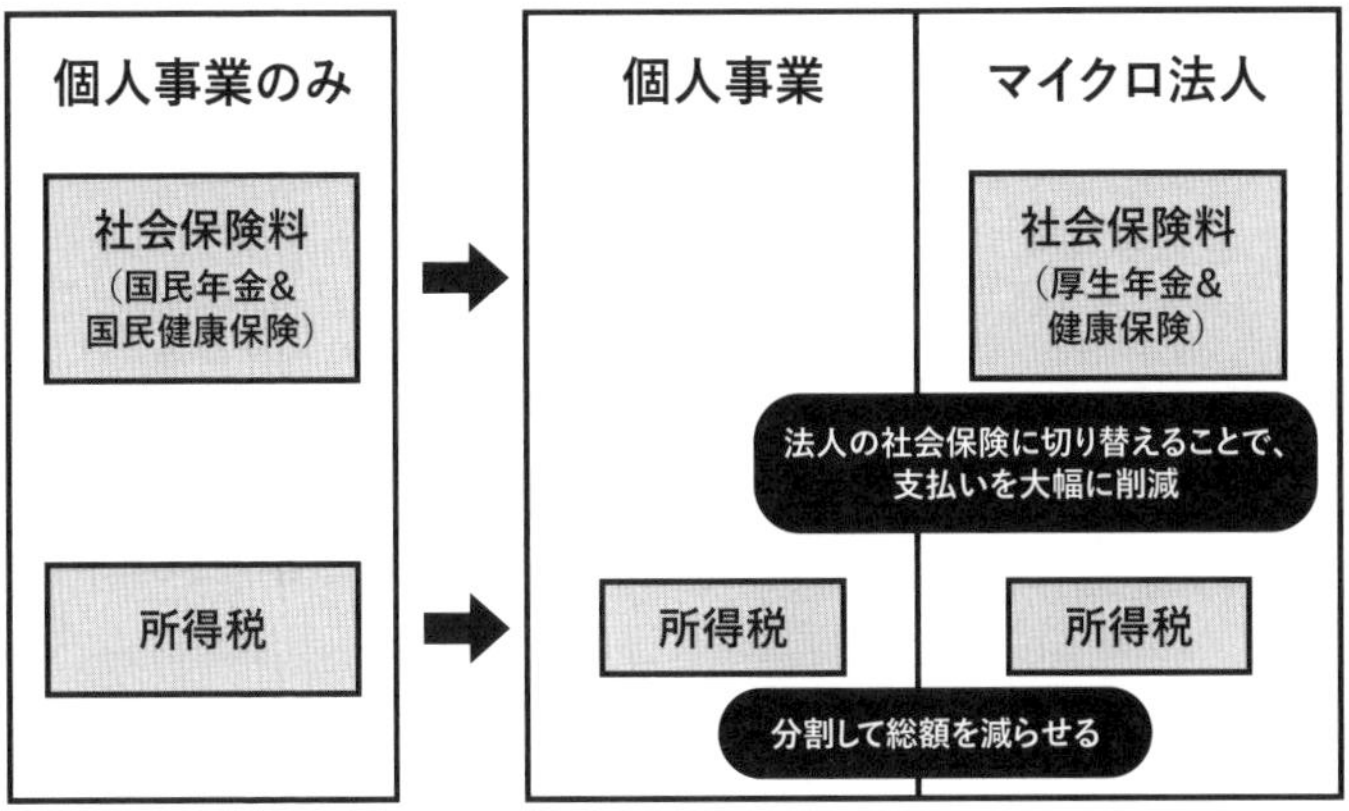

「個人事業主でありながら法人を持つことで、両方の控除を活用できるんですね。さきほど先生が言っていた『単に個人から法人へと鞍替えするだけだと、法人としてのメリットを得る代わりに、個人としてのメリットをまるまる捨てることになる』とは、こういうことだったんですね」

「そうなんです！」

3　役員社宅制度を利用できる

第1章でも紹介しましたが、役員社宅制度とは、「役員の賃貸住宅の賃料を会社が負担することで、賃料を会社の経費にすることができる」というものです。

会社が住宅を借り、その住宅を社長などの役員に社宅として貸し付けた場合、「会社が支払う賃料」と「役員から受け取る賃料相当額」の差額を、会社の損金とすることができます。

個人事業主が「自宅兼事務所」で仕事をしている場合、家事按分して、事業で使用した分だけを経費計上します。ここに役員社宅制度を導入することで、より多くの金額を経費にできるのです。

役員社宅制度を取り入れることで、少なくとも家賃の50％を経費に計上できます。

細かく計算すれば、70％、80％を経費にできる例もあります。実務上は、家賃の50％を経費計上していれば問題ないため、会計事務所側で、それ以上の経費計上できるやり方を積極的に案内するかどうかは、担当者次第です。担当者が良い悪いというわけでなく、手間をかけて資料を揃えても、望んだ結果が必ず出るわけではないという背景があるのも影響しています。

4　消費税が免税になる

事業の売上が1000万円を超えると、翌々年から消費税の課税事業者となり、消費税を納付する必要があります。

しかし、新たに設立された法人（資本金1000万円以下）については、設立2期目までは、売上に関係なく消費税の納税義務が免除されます。

また、3年目以降でも、年間の課税売上高が1000万円以下の場合、原則として消費税の納税義務が免除されます。

つまり、売上を個人事業主と法人に分散することにより、新設法人は2年間消費税免除を受けられ、個人事業のほうでも課税事業者になることを回避できる可能性があるのです。

ただし、２０２３年10月に導入されたインボイス制度により、業種や取引先との関係などによっては課税事業者であることを選択せざるを得ないケースも出てきます。インボイスについては１２８ページから詳しく説明しています。

5　10年間の赤字繰越

法人税の計算では、赤字の金額を「欠損金」と呼びます。

欠損金が発生した場合、翌年度以降に繰り越して、益金（＝利益）と相殺できます。

つまり「現在のマイナスと将来のプラスを相殺できる」ということですね。赤字が発生した翌年度以降に黒字になったとしても、前年度の赤字額と相殺したうえで、法人税の計算ができるのです。

法人税を抑えられるありがたい制度である赤字繰越。法人の場合は、個人事業主よりも長い期間、赤字を繰り越すことができます。

個人事業の場合は最長で３年ですが、法人は最長10年間にわたって欠損金を繰り越すことができます。

「個人と法人で、7年も差があるんですね」

「はい。そのため、『法人のほうではあえて利益を出さずに赤字を積み上げていき、のちに法人でビジネスを拡大していったときに、長期間にわたって黒字と相殺して法人税を節税する』という使い方も可能です」

マイクロ法人の2つのデメリット

「……ここまで、マイクロ法人のいい部分をたくさんご紹介してきました。続いてマイクロ法人のデメリットにも触れていきます」

「ああ……やはりデメリットもあるんですね……」

「残念ながら……。ただ、デメリットはいたってシンプル。『お金がかかる』『手間がかかる』の2点に尽きるんですけどね」

まずは「お金がかかる」面から見ていきましょう。

法人には設立費用や維持費用がかかります。マイクロ法人の設立費用は、株式会社ならば約25万円、合同会社ならば約10万円です。維持費用としては、税理士費用として15万～40万円がかかるほか、役員報酬や給与を支払うのであれば社会保険料も発生します。

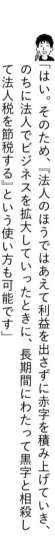

加えて法人の場合は、仮に赤字だったとしても、法人住民税の均等割としておよそ年間7万円がかかることになります。

いかに小さな法人といえども、維持費として細かい諸経費も入れると30万～50万円かかり、初期費用としてはプラス10万～30万円ほどかかることは予定しておく必要があります。

「最低限の投資に耐えうる売上がないうちは、節税を考える余裕もないということですね」

「そうですね。目安としては、個人事業主としての課税所得が年間９００万円をコンスタントに超え続けられるかどうかが、マイクロ法人を設立してメリットを享受できるかどうかの分かれ目になります」

続いて「手間がかかる」面です。

マイクロ法人をつくり、法人と個人事業とで収入を分けるということは、それぞれで確定申告を行うということでもあります。事務作業の手間は、単純計算でも2倍かかります。

「個人の確定申告は自分で行い、法人の確定申告は税理士さん任せ」という人も多いのですが、それでも細かな折衝はありますから、「手間がかかる」のは否めません。

「『お金がかかる』『手間がかかる』という2つのデメリットを理解してもなお、マイクロ法人をつくってメリットを享受するべきかどうか、慎重に考えなければいけませんね」

「その通りですね。そして検討の末、『マイクロ法人をつくる！』と決断した場合、注意していただきたいポイントがあります」

マイクロ法人をつくる際の注意点

マイクロ法人をつくる際の注意点は、大きく2つあります。

注意点1　個人と法人は別の事業にする

まったく同じ事業内容の売上を、個人と法人に都合よく分けて計上してはいけません。税務署から法人の実態を疑われてしまいます。

マイクロ法人をつくる際には、たとえば、

・個人事業……コンサルタント
・法人……不動産管理

このように明確に分けることが必要です。またこの際、メインで稼ぐ事業のほうを個人事業にしておくと、本項で説明したメリットを最大限に享受できます。

「なるほど。ではたとえば、不動産営業をしている人が、次のように似た事業を個人と法人に振り分けるのは問題ありませんか？」

・個人事業……不動産営業
・法人……不動産投資アドバイザー

「問題ありません！　ただ、税務署に説明のつくように理屈をつくっておく必要はあります。たとえば『個人事業が雑誌の記事執筆、法人がネット記事の執筆』のように境界があいまいだと、税務署から『なぜ分けているのか？』と質問される可能性が高くなります」

注意点2　マイクロ法人の規模を大きくしない

マイクロ法人は「売上を伸ばすため」ではなく、あくまでも「社会保険料や税金の負担を減らすため」につくるものです。マイクロ法人で必要以上に売上を増やしてしまうと、その分だけ社会保険料・税金の支払いが増えてしまうという本末転倒な結果となってしまいます。

マイクロ法人で法人税を抑えるためには、「かかる経費以上の売上をあげない」ことが大きなポイントになります。

さきほども解説したように、社会保険料が最低額になり、なおかつ給与所得控除（55万円以上）もフルで受けられる役員報酬額が年間72万円。加えて、社会保険料や税理士費用などマイクロ法人の維持費を合わせると、マイクロ法人の年間経費は80万～90万円くらいになると思われます。

利益が残らないようにするためには、マイクロ法人の売上も年間80万～90万円ほどでキープするのが理想です。

「なるほど。だから、メインで稼ぐ事業のほうを個人事業にしておいたほうがいいんですね」

法人口座はどこでつくるのが最もお得？

法人口座開設で得られる3つのメリット

「青色申告を簡単に行う方法として、『クラウド会計ソフトを利用してみよう』と教えていただきました。『最近のクラウド会計ソフトは、面倒な1年分の経費の入力も、銀行口座やクレジットカードを同期すれば自動で入力されるようになっている』とのことだったのですが……先生、いざやってみたら、プライベートな買い物やお金のやりとりまで全部結びついちゃって、大変ですよ」

「それはハセさんが、法人口座と個人口座を分けていないからですよ」

「法人名義の口座をつくらなければいけないんですか？　面倒くさいなぁ」

「そう煩わしがらないでください。法人口座の開設には、ビジネス上重要なメリットが3つあります」

メリット1　経理業務の明確化

個人と法人のお金の流れがしっかりと分けられ、公私混同がなくなります。また、ネットバンキングに対応していれば、会計ソフトとの連携も可能になります。

メリット2　信用を得やすくなる

「口座の開設に必要な金融機関の審査を通過している」ということで、取引先からの信用が得やすくなります。融資や補助金などの申請にもプラスになります。

メリット3　法人名義のビジネスカードを使える

社員の利用経費も一括管理できるため、経費利用の透明感が増し、経費の計上漏れも防げます。また、キャッシュフローに余裕を持たせることもできます。

「なるほど、法人口座の開設にはメリットがたくさんあるんですね！　じゃあさっ

そくつくってみます。どこの銀行でつくればいいんですか？」

「相変わらず、動きが早いですね！　結論からいえば、①ネット銀行、②地域密着型の金融機関と、最低2種類の口座を持つことをオススメします。いずれは、メガバンクの口座開設も考えたほうがいいとは思いますが、それはのちほど解説しましょう」

「わかりました！　ではネット銀行から解説をお願いします！」

ネット銀行で法人口座をつくるメリット3選

「創業期の会社がビジネス用に銀行口座を開設する場合、『ネット銀行の法人口座』をひとつ持っておくことをオススメします」

「ネット銀行って、普通の銀行とは何が違うんですか？」

ネット銀行には「インターネット上での取引を中心として営業している」「対面の店舗を持たない」という特徴があります。

ネットで取引が完結でき、物理的な店舗が不要で人件費等も削減できることから、次の3つのメリットがあります。

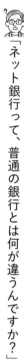

メリット1　振込手数料が安い

たとえば、某メガバンクでは、法人の場合、他行宛てに3万円以上の振り込みをするときには６６０円の手数料がかかります。さらに、月額１７６０円の基本利用料もかかります。一方、住信ＳＢＩネット銀行では、他行宛ての振込手数料は１４５円であり、月額利用料は無料です。

たとえば３万円以上の振り込みを月に30回行う場合、住信ＳＢＩネット銀行を使えば、某メガバンクを使うよりも月に１万７２１０円、年間なら20万６５２０円もお得になります。

「年間で20万円以上も差がつくんですね！　すごい！」

メリット2　口座開設が簡単で、速くつくれる

ネット銀行の場合、口座開設手続きはオンラインだけで完了します。店舗に行く手間が省けるのもメリットです。

また、店舗型の銀行では口座開設までに2週間ほどかかりますが、ネット銀行では最短即日で開設可能なところもあります。

メリット3　24時間365日ログインできる

ネット銀行では24時間いつでも操作できますから、わざわざATMや窓口に並ぶ必要がありません。外注先への支払いや給与の振り込みなどもスマホひとつで簡単にでき、時間を有効に使えます。

売上の入金や引き落とし、振り込み、納税などの会社運営に最低限必要なサービスは、ネット銀行でコストをかけずに完結してしまいましょう。

「ありがとうございます！　具体的に、オススメのネット銀行はありますか？」

「そう言うと思っていました！　それでは3行ご紹介します」

オススメのネット銀行を一挙公開！

①GMOあおぞらネット銀行

まずは「GMOあおぞらネット銀行」の法人口座です。

母体は「あおぞら銀行」と「GMOインターネットグループ」で、後発の強みを活かして人気になっているネット専業銀行です。法人口座は、維持手数料と、同行宛て振込手数料がいずれも無料です。社員もここで口座をつくってもらえば、給与の振込手数料が無料になるということですね。

他行宛て振込手数料は１４５円です。また、設立1年未満の法人は月20回まで他行宛て振込手数料が無料となります。

最短即日で法人口座が開設可能で、口座開設に印鑑はいりません。

②楽天銀行　法人口座

続いては、楽天銀行の法人口座です。

楽天銀行の法人口座は、口座開設手数料と口座維持手数料ともに無料です。

同行宛ての振り込みは、手数料が52円。無料ではありませんが、メガバンクに比べると十分に安い金額です。また海外送金に関してもメガバンクより安い送金手数料で、24時間対応&ネット完結で利用できます。

加えて、サービス利用開始時の初期導入手数料や月額使用料もすべて無料です。

③住信SBIネット銀行

最後は、住信ＳＢＩネット銀行の法人口座です。

月額利用料と同行間振込手数料はともに無料、他行宛て振込手数料は１４５円と、業界最低水準です。

また、ネット銀行としては珍しく、融資サービスを提供しています。「無担保、決算書の提出なしで、最大3000万円まで即日融資可能」という内容ですが、金利は5～7％になると覚悟しておいたほうがよく、正直、高めではあります。ただ、ビジネスローンを組むと金利が15％ほどになることもありますから、それよりは低めだと考えることもできます。

ネット銀行のデメリットも知っておく

「ネット銀行のメリットと、オススメのネット銀行3行を教えていただきましたが……ここまでの流れから、ネット銀行も当然、デメリットがあるんでしょう？」

「さすがハセさん、鋭いですね。実はネット銀行にはひとつだけ、デメリットがあるんです。それは、銀行融資が厳しいことです」

「そうなんですか！」

「コストの安さや利便性などではネット銀行に利がありますが、『銀行融資がほぼ不可能』なのが最大のデメリットです。中には融資を利用できる銀行もありますが、通常の銀行融資に比べればかなりの高金利になります」

「やはり、ネット銀行の口座ひとつだけで会社業務のすべてを賄おうとするのも難しいんですね……。あ、でも先生、さきほど、ネット銀行とともに、地域密着型の金融機関でも法人口座をつくるとよいと言っていましたよね!?」

「そうなんです。そこで続いて、地域密着型の金融機関で口座をつくるメリットを見ていきましょう」

地域密着型の金融機関で法人口座をつくるメリット

地域密着型の金融機関とは、地方銀行や信用金庫などのことです。

地方銀行とは、各都道府県に本店を構え、その地方を中心に営業している金融機関です。主に地域の中小企業と取引していて、会社経営の資金繰りや創業時の支援も行っています。横浜銀行、常陽銀行、福岡銀行などがその例です。

一方の信用金庫とは、地域の中小企業などが会員となって互いに地域の繁栄を図っている、相互扶助を目的とした金融機関です。京都中央信用金庫、城北信用金庫などがその例です。会員になれるのは、従業員数３００人未満の法人と個人事業主。創業したばかりの企業への支援も積極的に行っています。

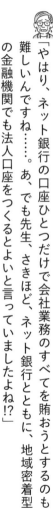

「これら地域密着型の金融機関で口座をつくる第一のメリットは、『融資を念頭においた金融機関とのお付き合いができる』ことです」

「『融資を念頭においた金融機関とのお付き合いができる』とは……どういうことですか？」

「事業を継続し、発展させていくうえで、いずれまとまった資金が必要になる可能性があります。そのときのために、融資してくれる可能性の高い金融機関に法人口座を開設し、つながりをつくっておくことが重要なんです」

「なるほど。いずれ銀行からの融資を受けることを考えるのであれば、やはり実店舗のある金融機関で口座を開設し、担当者と関係をつくっておこう、ということなんですね」

「そうです。そして、地域密着型の金融機関で口座をつくるメリットは、もうひとつあります」

「それはなんですか？」

「『政府系金融機関からの融資金の振込先口座として活用できる』点です」

創業時の融資を積極的に行っているのは「日本政策金融公庫」という組織です。こ

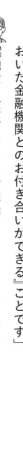

こは政府が100%出資している政府系金融機関で、審査に通れば、無担保・無保証で融資を受けることができます。

融資の難易度としては、日本政策金融公庫→信用金庫→地方銀行→メガバンクと、だんだん難しくなっていくイメージです。

ただ、日本政策金融公庫で融資を受けることができたとしても、融資金の振込先口座として、ネット銀行を指定することはできません。

そのため、地方銀行や信用金庫などで口座を開設しておくことが大切になるのです。

中には、日本政策金融公庫から融資を受けたことがきっかけとなり、信用金庫や地銀が融資の判断をしてくれることもあります。

「融資の難易度から見ても、まずは日本政策金融公庫から融資を受けられる状態にしておくことが重要なんですね」

メガバンクで法人口座をつくるメリット

「さて、本項の最後に、さきほど説明が後回しになっていた『メガバンクで法人口座をつくるメリット』を解説します」

とくに都内の企業は、大半がメガバンクの口座を持っていますから、メガバンクの口座を所有していると取引時に役立ちます。

メガバンクは、誰もが名前を聞いたことのある金融機関です。そのような銀行の法人口座を持っていることはすなわち、金融機関から一定以上の信用を保証されていると考えられますから、会社の社会的信用度を高めることができます。

しかしこれは裏返すと、「メガバンクの法人口座開設の審査は厳しい」ということでもあります。おいそれと口座をつくることはできません。

「そのため、まずは地域密着型の金融機関で法人口座を開設し、ある程度実績をつくった後にメガバンクで法人口座を開設するのがいいんですね」

「その通りです！」

第4章

不動産運用で効率的にお金を残すテクニック

なぜ多くの社長が中古不動産投資に力を入れるのか？

利益を繰り延べて、「ベストなタイミング」で税金を払う

「先生、私のまわりの社長さんたちは、みんなこぞって、節税対策として中古不動産投資に手を出しているんです。でもいずれは結局、売買益や運用益が出て、税金を納めなければいけないわけですよね？」

「素晴らしい着眼点ですね。実は中古不動産投資は、厳密にいうと『節税』ではありません」

「えっ？　どういうことですか？」

法人税対策には、大きく分けて2種類あります。

ここまでにご紹介してきた「**税額そのものを減少させるもの**」と、本章でご紹介する中古不動産投資のような「**課税のタイミングを繰り延べるもの**」です。

「『課税のタイミングを繰り延べる』って、どういうことですか？」

「法人で利益が出た場合に、本来はその事業年度に支払うべき税金を、翌年度以降に先送りすることです。『利益の繰り延べ』と言い換えることもできますね」

「でも、たとえその年は法人税の負担がなくなったとしても、最終的には利益を計上することになるわけですよね？　税額そのものが減らないのなら、意味がないのではないですか？」

「確かに、利益を繰り延べただけでは節税になりません。利益を繰り延べて手元に残るキャッシュを最大化し、適切なタイミングで不動産を売却し、売却益と繰り延べた利益とを相殺することで、初めて節税効果が生まれるんです」

「なるほど。中古不動産投資そのものに節税効果があるわけではないんですね。税額そのものを減少させるようなほかの節税対策と組み合わせて考える必要があるんですね」

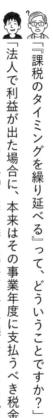

「そういうことです！」

「不動産投資による節税」の基本的メカニズム

「それではまず、不動産投資の基本的な仕組みを確認していきましょう」

「お願いします！」

不動産投資は、事業のひとつとして認められています。そのため、不動産事業にかかるさまざまな費用を経費計上することができます。具体的には、次のようなものを経費にできます。

- 固定資産税・不動産取得税などの税金
- 管理会社へ払う管理費
- ローンの金利
- 不動産経営に関わる交通費・飲食代
- 減価償却費

一方、不動産投資の収入は、主に次の3点です。

- **毎月の家賃収入**
- **更新料**
- **共益費**

個人の場合、家賃収入等から必要経費を引いたものが、不動産所得です。

そして、経費が収入を上回れば「赤字」ということになります。

法人の場合、本業の所得も不動産に係る所得もすべてまとめて「所得」として扱いますから、不動産投資によって赤字が発生した場合、別事業の黒字を相殺して、全体の課税所得を減らすことができます。結果、その年度の税負担を減らすことができる——というのが、不動産投資による節税の基本的な仕組みです。

なぜ「中古」である必要があるのか

「なるほど。でも、不動産投資で節税するためには、経費をたくさん計上して赤字にしなければならない、ということですよね？　節税にはなっても、同時に経費

の無駄遣いも増えて、結局手元にお金が残らなくなるんじゃ……？」

「何も、『経費を無駄遣いしなきゃ』と躍起になる必要はありません。最大のポイントは、経費のひとつである『減価償却費』です。減価償却費を短い期間でいかに、より多く計上できるかが、不動産投資による節税の肝となります」

減価償却とは、固定資産の購入費用を一定の期間で分割しながら経費にしていく会計処理のことです。

時間の経過で資産価値が減少する10万円以上の固定資産が対象となり、それぞれの資産について、たとえば「パソコンは4年」「自動車は6年」などの法定耐用年数が定められています。

不動産の場合は、建物部分に対してのみ減価償却が行われます。ちなみに新築の木造建物の場合、法定耐用年数は22年です。

「22年!?　気の遠くなるような年月ですね」

「ですよね。そのため節税目的で不動産投資を行う場合は、短期間で減価償却費を経費計上できる中古物件を対象にするのが一般的なんです」

「中古物件だと、どれくらいの短期間で減価償却費を経費計上できるんですか？」

中古資産の法定耐用年数には、「簡便法」という計算式が用いられます。

◎簡便法による計算式

法定耐用年数の一部を経過した物件の場合：

償却期間＝法定耐用年数－（築年数×0・8）※簡便的に表記しています

法定耐用年数をすべて経過した物件の場合：

償却期間＝法定耐用年数×0・2

「この式に当てはめてみると、築22年を経過している木造建物であれば、22年×0・2＝4・4年。小数点以下は切り捨てとなりますから、4年で減価償却できることになります」

「新築よりも、償却期間は圧倒的に短縮できますね」

法定耐用年数をすべて過ぎている場合の、建物の構造ごとの償却期間は、次の通りです（法定耐用年数が償却期間より小さい場合）。

- **RC：9年**
- **重量鉄骨：6年**
- **軽量鉄骨：5年**
- **木造：4年**

たとえば「建物価格4000万円の中古木造（築23年）」と「建物価格4000万円の新築RC」で年間の減価償却費を比べると、次の通りになります。

- **中古木造（築23年）：4000万円÷中古耐用年数4年＝1000万円**
  年間減価償却費……1000万円
- **新築のRC建物：4000万円÷法定耐用年数47年＝85万円**
  年間減価償却費……85万円

「築23年の木造では1年で1000万円も経費にできるのに、新築のRCだと1

年で85万円しか経費にできないんですね。金額が10倍以上も違う……」

「そうですよね。そのため、節税効果という意味では、『築28年の軽量鉄骨（5年償却）』『築23年の木造（4年償却）』など、法定耐用年数をすべて経過した直後で、かつ短い期間で減価償却できる建物がオススメです」

安心感を重視する人は国内不動産がオススメ

「中古不動産に投資するにしても、その投資先は大きく『国内不動産』と『海外不動産』に分かれます。よりメリットが大きく人気の高い海外不動産については次項で詳しく触れるとして、ここでは国内不動産投資についてご紹介しながら、中古不動産投資への理解をさらに深めていきましょう」

「お願いします！」

日本の不動産は、物件価格の中で土地の割合が高く、建物割合は20～40％程度です。ただ、中には建物割合が60％ほどの物件もないわけではありません。

「建物部分に対してしか減価償却を行えないということは、物件価格の建物割合

はとても重要ですね」

「その通りです」

また郊外の住宅地の場合、地価が低めのため、利回りが高めである海外不動産と同程度の利回りを得られる可能性もあります。

そして国内不動産最大のメリットは、なんといっても安心感。言葉や文化の壁がなく、実際に自分の目で物件をチェックできるのは大きいでしょう。投資するにあたって不安を少しでも減らしたい方は、国内不動産をオススメします。

物件価格６０００万円、築23年の木造住宅（償却期間４年）、建物割合を60％として、投資効果をシミュレーションしてみます。

物件価格６０００万円 × 建物割合 60％＝償却対象額 ３６００万円

償却対象額 ３６００万円 ÷ 償却期間4年＝1年あたりの減価償却費９００万円

「この場合、４年目までは毎年９００万円の減価償却費が計上できるんですね。すごい！　国内の中古不動産を選ぶうえでの注意点はありませんか？　節税対策と

はいえ、絶対に損はしたくないのですが……！」

「わかりました。それでは注意点をまとめますね」

注意点1　不動産会社のネット上の口コミ

中古不動産投資では、不動産会社選びが重要なポイントになります。

とくにワンルームマンション投資で失敗している人は世の中にたくさんいますから、インターネット上での評判は絶対にチェックしたほうがいいでしょう。

往々にして、成功している人よりも失敗した人のほうが積極的に口コミを書く傾向にありますから、「低評価がまったくない不動産会社」というのもなかなかないのですが、それでも極端な低評価がたくさん集まっている会社はやはり要注意です。中でも「詐欺」という単語が口コミの中で頻繁に出てくる会社は避けたほうが無難です。

注意点2　営業マンが提案してくる物件の収支

「どうせ節税目的でしょ」と、毎年赤字続きの物件を提案されることがよくありますが、せっかく投資をするからには、黒字化を見込みたいところです。営業マンには、黒字化が見込める物件を真剣に選んでもらいましょう。

また、営業マンが提示する収支シミュレーションの「支出（経費）」にも注意が必要です。節税メリットを大きく見せようと、発生する見込みのない経費を数十万円、無理矢理盛り込んでいるケースもあります。

注意点3　利回りを追求しすぎない

「確実に黒字が見込め、かつ利回りの高い物件」など、この世には存在しないと考えるべきです。

基本的には、利回りとリスクは比例します。利回りのよさに目がくらむと、事故物件だったり、建て替えられなかったりといった、何かしらの問題をはらんでいる物件をつかまされることになります。

「なるほど。よくわかりました！」

「出口対策（売るタイミング）」を考える

「さて先生、最初に『適切なタイミングで不動産を売却』とおっしゃっていましたが、これについても解説をお願いします」

「はい！　運用している物件をどう処理するか、これを『出口対策』と言いますが、その基本的な考え方を解説します」

出口対策として一般的なのは、「大きなキャッシュの流出にぶつける」ことです。具体的には「役員退職金」「設備投資」「大規模修繕」などです。

これらには多額のお金がかかりますから、そのタイミングで不動産を売却して売却益を得れば、売却代金を支払いにあてることができ、かつ売却利益は相殺されて税金の支払いは少なくてすみます。

「仕組みはわかりました。でももしも、『今は市場が高騰していて売り時だ！』と売ってしまったはいいけれど、大きな支払いのあてがないときは、どうしたらいいんでしょう？」

「そのときは、不動産の売却益を元手に、また新たな中古不動産投資を行って、いずれ来る『大きな支払い』に備えましょう。売り時を自由に選べるのも、不動産投資のメリットです」

「なるほど」

「そうして何度も中古不動産の売買を繰り返し、利益を繰り延べ続けている社長さんも多いんですよ。周りから見たら『繰り延べスパイラル』に陥っているようにも見えますが、いずれ『大きな支払い』があると予測できる場合には、確かに有効な手段ではありますね」

「よくわかりました。不動産投資を始めるのであれば、大きなキャッシュの流出があるかどうかを見極めておく必要がありますね」

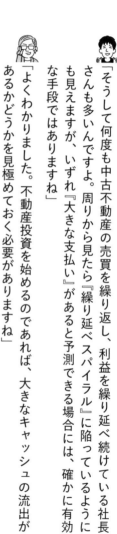

海外中古不動産でさらに節税効率アップ！

アメリカ不動産投資、3つのメリット

「続いて、海外中古不動産について見ていきましょう。なお本書では、海外中古不動産の中でも、人気の『アメリカ不動産』に絞って見ていきます」

「なぜアメリカ不動産が人気なんですか？」

「それは、次の3つのメリットがあるからなんです」

メリット1　物件価格に対して建物割合が高い

繰り返しになりますが、減価償却で経費化できるのは建物部分だけです。同じ総額

を払ったとしても、建物割合が高いほうが、より多く経費に入れられるわけです。

アメリカ不動産は、物件価格における建物割合が約70～80％です。国内不動産の多くが20～40％であることを考えると、アメリカ不動産の建物割合は高く、お得であることがわかります。

メリット2　4年で減価償却可能

海外不動産であっても、日本の法人が保有している場合、日本の税制に基づいて減価償却の処理をします。ですから築23年の木造であれば4年で償却できます。

そして、アメリカは中古物件が住宅

なぜアメリカで不動産を買うと、節税になるのか？

物件価格に占める「建物」と「土地」の割合目安

	減価償却 ○ 建物	減価償却 × 土地	
日本	20～40%	60～80%	土地の割合が高い
アメリカ	70～80%	20～30%	建物の割合が高い

建物割合が高いアメリカの不動産を買えば、経費にできる額が多くなる

マーケットの8〜9割を占めています。中でも、木造の物件が多くなりますが、木造といってもかなりしっかりした構造で、築80年や築１００年でも使われている家がざらにあります。

メリット3　資産価値が落ちない

日本では新築信仰が根強いのですが、アメリカでは中古の物件を直して売買するのが当たり前になっています。

築年数の経過による使い勝手の劣化が少なく、さらに物件の供給が非常に少ないため、中古でも不動産の価値は落ちにくく、むしろ、よい立地にある物件はだんだん価値が上がっていく傾向にあります。

「日本では考えにくい現象ですね」

「そうですね」

そのため、キャピタルゲイン（売買益）にも大きな期待ができます。

仮に、多額の減価償却費を計上し、４年間の法人税を減らせたとしても、不動産の価値が下落して、トータルで損をしてしまってはあまり意味がありません。その意味でもアメリカ不動産は、法人税対策としてオススメなのです。

6400万円の費用計上!?
実在する物件での投資効果シミュレーション

「さてそれでは、アメリカに実在する物件で、投資効果をシミュレーションしてみましょう」

この物件のプロフィールをご紹介します。

- **物件価格57万ドル**
- **築年数26年（償却期間4年）**
- **建物割合約82%**

なお、ドルから円への換算は、わかりやすくするために、為替レートの影響はないものとして1ドル＝140円で計算します。

この場合、減価償却の対象になる額は、「物件価格57万ドル × 建物割合 約82%」で約46万ドルとなります。

これを４(年)で割ると、１年あたりの減価償却費は約11・５万ドル。つまり、毎年約１６００万円の減価償却費が費用計上できる計算になります。法人実効税率を34%とすると、１年で約５４０万円の節税効果があることになります。

「すごい効果ですね！」

海外中古不動産投資を行う上での5つの注意点

「ただ、海外不動産には国内不動産以上に注意点がありそうですね……」

「おっしゃる通りです。でも、あらかじめ押さえておくべき点を把握しておけば、必要以上に怖がることもありません。注意点を次にまとめますね」

注意点1　融資を受けるのが難しい

国内不動産を買う場合とは違い、海外不動産を買う場合、国内の金融機関から融資を受けるのは難しいのが現実です。仮に融資を受けられたとしても、利息が高くつくことがほとんどです。そのため、海外中古不動産による節税は、多くのキャッシュを持っている人が活用できる策であるといえます。

注意点2　為替リスク

海外不動産を売却した際、購入時より円高となっていると、日本円に換金した場合、不利になります。

このリスクに対するヘッジとしては、「世界の基軸通貨であるドルを保有し続け、資産を分散する」方法が有効です。

「ある程度お金に余裕がないと、手を出さないほうがよさそうですね」

注意点3　税制の違い

アメリカ不動産を購入した場合、確定申告を日本とアメリカの両方で行う必要があります。

アメリカの確定申告に精通している専門家は、日本にそう多くなく、また日本の税理士のほとんどはそのようなツテを持っていません。そのため、不動産会社を通じて、アメリカの確定申告に精通している専門家を紹介してもらうのが最も現実的な方法ですが、時間も手間も、そして費用もかかるのは否めません。

注意点4　言語の違い

仮に税務調査を受けた場合、海外不動産については「法定耐用年数は合っているか」「取得価格は合っているか」が主な焦点になります。

しかしアメリカ不動産を購入した場合、契約書はもちろん、英語となります。不動産会社から言われるがままにサインをすることがほとんどですが、契約書に記されている金額がそれぞれ「日本の不動産でいう、何にあたる金額なのか」を把握していないと、税務調査で説明することができません。契約時には、税理士とともに「このお金は、どのように会計処理するのが適切なお金なのか」を押さえておく必要があります。

注意点5　文化の違い

ひとつの事例をあげます。

同じ地域の中にある家に見えても、アメリカでは、「通りのあちらにあるか、こちらにあるか」で物件価格が大きく違うことがあります。

理由は、学区。アメリカでは教育に力を入れている家庭が多く、「通りの向こうにある家は優秀な学校に通えて、通りのこちらにある家はその学校に通えない」といった場合、物件価格に大きな差が生じるのです。

このような差は、現在だけでなく、将来の資産価値にも大きな影響を及ぼしますから、アメリカの文化に詳しい人が身近にいたほうが心強いといえます。

「なるほど……。管理の不安とか納税の手間などに対処する方法はありますか?」

「代行してくれる日本の業者がありますよ。リスクをなるべく避けたいのであれば、少々利回りは低くなったとしても、信頼のおける業者に委託しましょう。現地に支社があり、日本人が派遣されているようなら安心度は高まりますね。複数の業者で比較検討することをオススメします」

「わかりました!」

「不動産小口化商品」で相続税・贈与税も心配なし！

不動産小口化商品、5つのメリット

「先生、不動産投資について調べていたら、『不動産小口化商品』というものを見つけました。これも不動産投資の一種なんですか？」

「そうですね。不動産小口化商品とは文字通り、不動産を小口化して販売し、不動産から得られる収入や売却益などを、購入した口数に応じて分配する商品のことです。対象になる不動産は、主に都心のオフィスビルや賃貸住宅です。１口100万〜1000万円ほどで購入できるものが多く、富裕層を中心に人気なんですよ。いい商品が出ると、すぐに完売してしまう状況が続いています」

「へぇー。でも『富裕層を中心に人気』って不思議ですね。富裕層ならそれこそ、すぐに減価償却できてキャピタルゲインも狙える海外中古不動産投資をすればいいじゃないですか」

「ハセさんの意見ももっともですが、不動産小口化商品には不動産小口化商品で、魅力的な5つのメリットがあるんですよ。ひとつずつ見ていきましょう」

メリット1　都心の不動産に少額から投資できる

物件は主に都心の不動産です。まるまる買うと数億円レベルの高額不動産がほとんどですが、不動産小口化商品だと1口100万～1000万円ほどで投資可能です。戸建やマンションを買うとなると、基本的には融資を受けることになります。しかしその融資をリスクと考える人にとっては、少額から投資できる不動産小口化商品は大きなメリットになります。

メリット2　リスクを分散できる

ビル全体の収益を口数で分配するので、空室リスクに強いといえます。

また値下がりリスクについても、地価が下がりにくい都心の不動産に投資すること

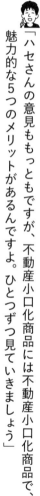

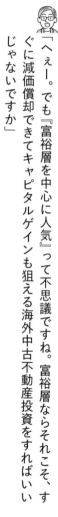

で軽減できます。

メリット3　管理の手間がない

面倒な運用や売却など、物件の管理はプロに任せられます。通常の不動産投資のような手間がかかりません。

メリット4　「争続」を防げる

「争う」に「続」と書いて「争続」と当てられるくらい、相続はトラブルが多いものです。とくに現物の不動産を複数の相続人で相続する場合、不公平感なく分けるのは至難の業です。

しかし不動産小口化商品であれば、あらかじめ小口に分けられているため、複数の相続人に公平に分けることができます。

たとえば次ページの図の例では、不動産小口化商品を３００口購入し、配偶者に１５０口、長男・長女・次男にそれぞれ50口相続させています。

このように、相続人の人数や資産状況に応じて必要な数だけ購入できるのもメリットのひとつです。

メリット5

相続税・贈与税の節税対策になる

不動産小口化商品は、不動産を直接所有している場合と同じ評価方法になります。

つまり、土地は路線価・倍率方式、建物は固定資産税評価額で評価されます。

「『路線価・倍率方式』に『固定資産税評価額』……難しいですね」

「そうですよね。要は次のように、相続税の計算では評価額が低くなり、相続税・贈与税を抑える効果がある、ということなんです」

- 土地を「路線価」で評価すると、実際の取引価格の8割程度の評価額に

不動産小口化商品のメリット

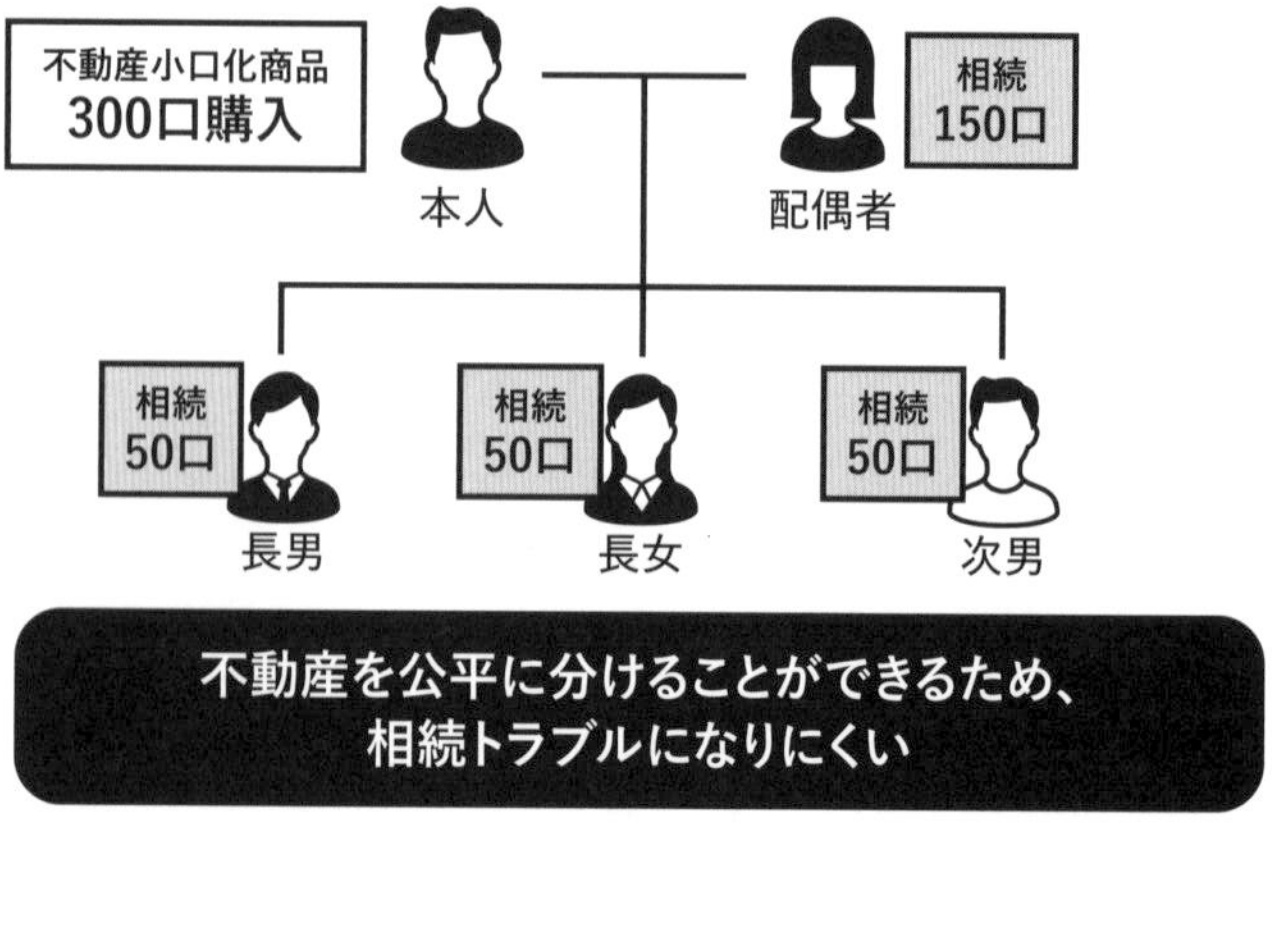

なる

- 建物を「固定資産税評価額」で評価すると、実際の取引価格の7割程度の評価額になる

「さらに、貸しに出している場合は『評価減』の特例が使えるので、相続財産をさらに圧縮する効果も期待できます」

「評価減の特例……ですか？」

次ページの図のように、時価1000万円の不動産評価額が、貸家評価減・貸家建付地評価減などの特例が適用になることで約300万円に、さらに小規模宅地等の特例が適用になると約200万円にまで下がり、評価額をトータルで7～8割減らせる場合もあるのです。

「なるほど、かなり圧縮できますね」

「ここまであげた5つのメリットのうち、とくにメリット4とメリット5が大きく、富裕層を中心に、相続対策の一環として人気を博しているんですね」

なお、不動産小口化商品には、実はいろいろな種類があるのですが、相続対策として有効なのは、次の2つです。

- **信託法を使った不動産小口信託受益権**
- **不動産特定共同事業法に基づく商品（任意組合型）**

「どうも、名前がゴチャゴチャしていて覚えづらいですね」

「気持ちはわかりますが、ぜひとも覚えておいてください。仕組みや手数料などの違いはありますが、この2つの商品はどちらも、相続税の評価においては不動産としての評価に

相続税評価額のイメージ

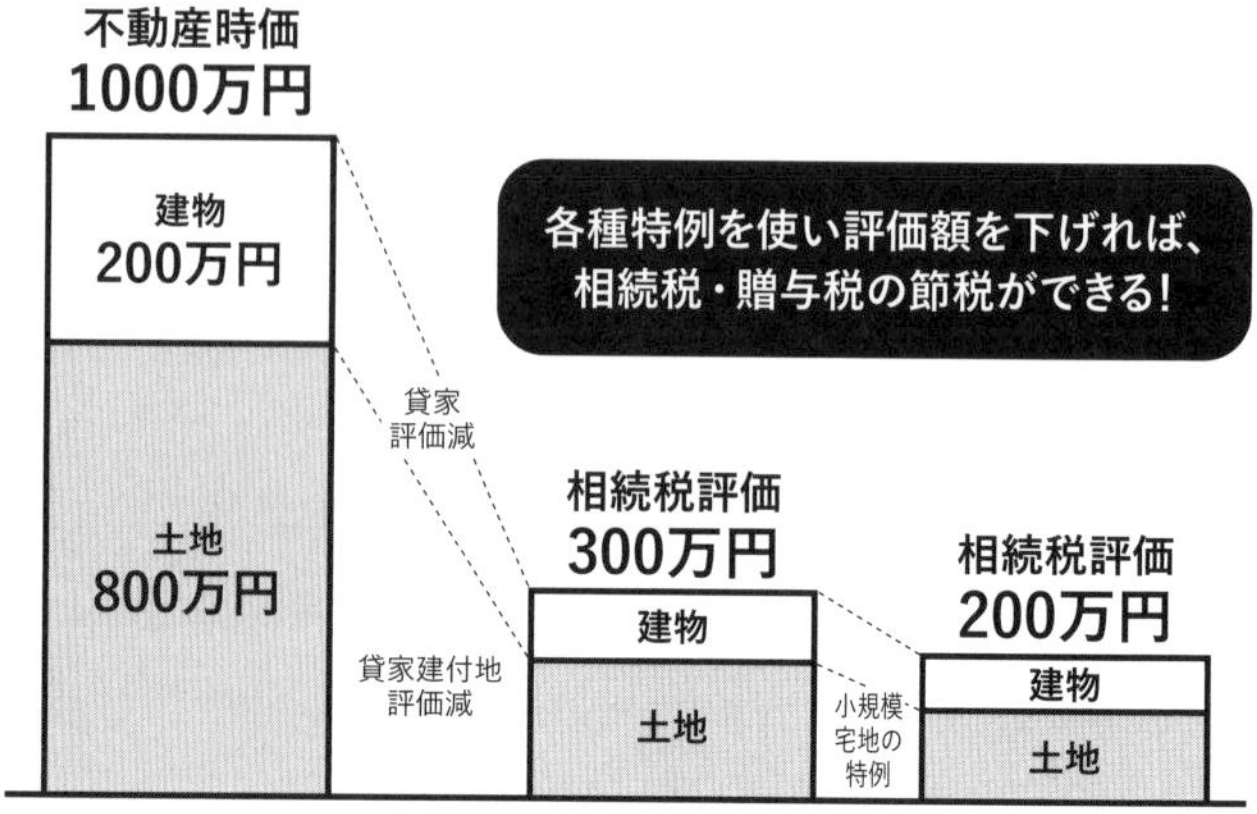

なるんです。これがのちのちに効いてきますからね！」

「わかりました、がんばって覚えます」

贈与税削減効果の具体的シミュレーション

「ところで、評価額を減らせると、どれほどの節税効果があるのでしょう？」

「ここでも、具体的に試算をしてみましょう」

子に生前贈与する際、５００万円を現金で贈与する場合と、５００万円相当の不動産小口化商品を贈与する場合で比べてみましょう。

２３６ページの図は、直系尊属から18歳以上の者（子・孫など）へ贈与した際の贈与税の速算表です。

現金５００万円の贈与を行った場合を考えます。基礎控除１１０万円があるので、まずこれを差し引きます。

差し引き後の課税価格は３９０万円となり、税率15％が適用されます。

すると、「**３９０万円×15％－10万円（控除額）**」で**48・5万円**の贈与税が課されることになります。

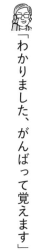

一方、500万円相当の不動産小口化商品の贈与を行う場合です。

評価が7割減として、評価額150万円で考えます。

基礎控除110万円を差し引いた後の課税価格は40万円なので、税率は10％です。

すると、「**40万円×10％**」で、贈与税は4万円になります。

「たったの4万円でいいんですか!?」

「はい。1年で約45万円抑えられるわけですから、これを10年繰り返したら、約450万円もの節税になりますね」

なお、相続の場合は「小規模宅地等の

贈与税の速算表

基礎控除後の課税価格	200万円以下	400万円以下	600万円以下	1000万円以下	1500万円以下	3000万円以下	4500万円以下	4500万円超
税率	10%	15%	20%	30%	40%	45%	50%	55%
控除額	−	10万円	30万円	90万円	190万円	265万円	415万円	640万円

※直系尊属から18歳以上の者（子・孫など）へ贈与した際

Case **現金500万円を贈与したら？**

［500万円－110万円（基礎控除）］×0.15－10万円＝48.5万円

特例」があり、２３９ページの図のように、人に貸し出していた宅地は、２００㎡まで評価額が50％減となります。
物件全体のうち自分の持ち分を計算し、それが２００㎡で、すべて人に貸し出していた宅地の場合、50％の評価減が望めるということです。

「ただし不動産小口化商品には、商品ごとに10年だったり、20年だったりといった運用期間が決まっています。運用を終えた後は不動産を売却し、売却益を分配します。相続は発生するタイミングが選べませんから、その点は注意が必要ですね」

「不動産小口化商品を活用した節税対策」の6つの注意点

「先生、不動産小口化商品を活用した節税対策で気をつけるべき点を教えてください」

「わかりました。全部で6つあります」

注意点1　あまりにもあからさまな「相続対策」は避ける

「相続対策の注意点としては矛盾するようですが、あまりにもあからさまな相続対策は避けましょう。具体的には、相続が発生する直前の高額な（もしくは大量な）不動産小口化商品購入や、『相続対策』としか考えられない購入目的、相続直後の売却などがこれに当たります」

「相続対策は、早めからじわーっと進めておくに越したことはないわけですね」

「そうですね。そして相続後も、少なくとも5年間は不動産小口化商品を売却しないようにしましょう」

注意点2 「キャッシュでの購入」しかできない

基本的に融資は受けられず、自己資金での支払いが必要です。

注意点3 利回りはそれほど高くない

管理の手間がない半面、任意組合などに運用報酬を支払う必要があり、管理のためのコストがかかります。

そのため、運用利回りは通常の不動産投資に比べて低くなる可能性があります。

「具体的にはどれくらいになるんですか？」

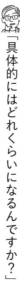

「立地にもよりますが、居住用物件の場合、2～2・5％の利回りが想定されます。2口1000万円を購入したとして、年間20万円ほどの配当がもらえるとイメージしていただければ」

「なるほど。確かに高くはないですけど、都内新築マンションの利回りが3～5％といわれていることを考えると、極端に低いわけでもないですね」

注意点4

物件価格の値下がりリスクがある

不動産小口化商品にも、不動産価格の値下がりリスクが生じます。決して、元本が保証されているわけではないのです。

「小規模宅地等の特例」の減額割合

	適用される面積	相続税の対象となる評価額
被相続人等が住んでいた家の宅地	～330㎡	80%
賃貸以外の事業に使っていた宅地	～400㎡	80%
人に賃貸していた宅地	～200㎡	50%

賃貸事業に使っていた宅地は減額率が低い

とはいっても、不動産小口化商品は都市部の優良不動産が対象となるため、値下がりリスクは相対的に低いと考えられます。

注意点5　商品数がそれほど多くない

不動産小口化商品はまだ商品数が少なく、購入機会が限られているため、相続対策を行いたいタイミングで希望通りの商品が見つからない可能性があります。

注意点6　換金自由度が低い

商品によっては中途解約（売却）することに制限が設けられているため、緊急時にすぐに換金できない可能性があります。

「ただ、だんだんと不動産小口化商品が普及するにつれ、中途解約の事例も増えてきています。中途解約時の売却実績を持っている不動産会社で商品を探せば、このリスクは軽減できます。事前に確認してみるのもいいですね」

第5章

「会社外」に1円でも多くお金を貯める方法

「無税」で簿外にお金を貯める4つの方法

【完全合法】会計帳簿の外に資産を貯めておく

「ハセさん、『簿外資産』ってご存じですか?」

「簿外資産……何やら、怪しい響きの言葉ですね。公にできない、やましいお金のことですか?」

「確かに聞き慣れない言葉ですから、そう感じるのも無理はありませんね。でも簿外資産は、れっきとした合法の資産なんですよ。会計帳簿の外に資産を貯めておくことから、簿外資産と呼ばれるんです」

「会計帳簿の外に資産を貯めるって……やっぱり怪しいですね」

「だから怪しくないんですって！　不況や売上不振、そしてコロナ禍のような予測不能な事態で大きな赤字が出てしまったときに、簿外資産があると、それを利益に換えることができるんですよ」

「おお。なかなか内部留保を貯めておけない中小企業にとっては心強いですね」

「そうなんです。この第5章では、いざというときに救世主となってくれる、簿外資産について学んでいきましょう。本項では、簿外に貯めておきたい金額に合わせて、４つの簿外資産をご紹介します」

「お願いします！」

簿外資産で不況対策！

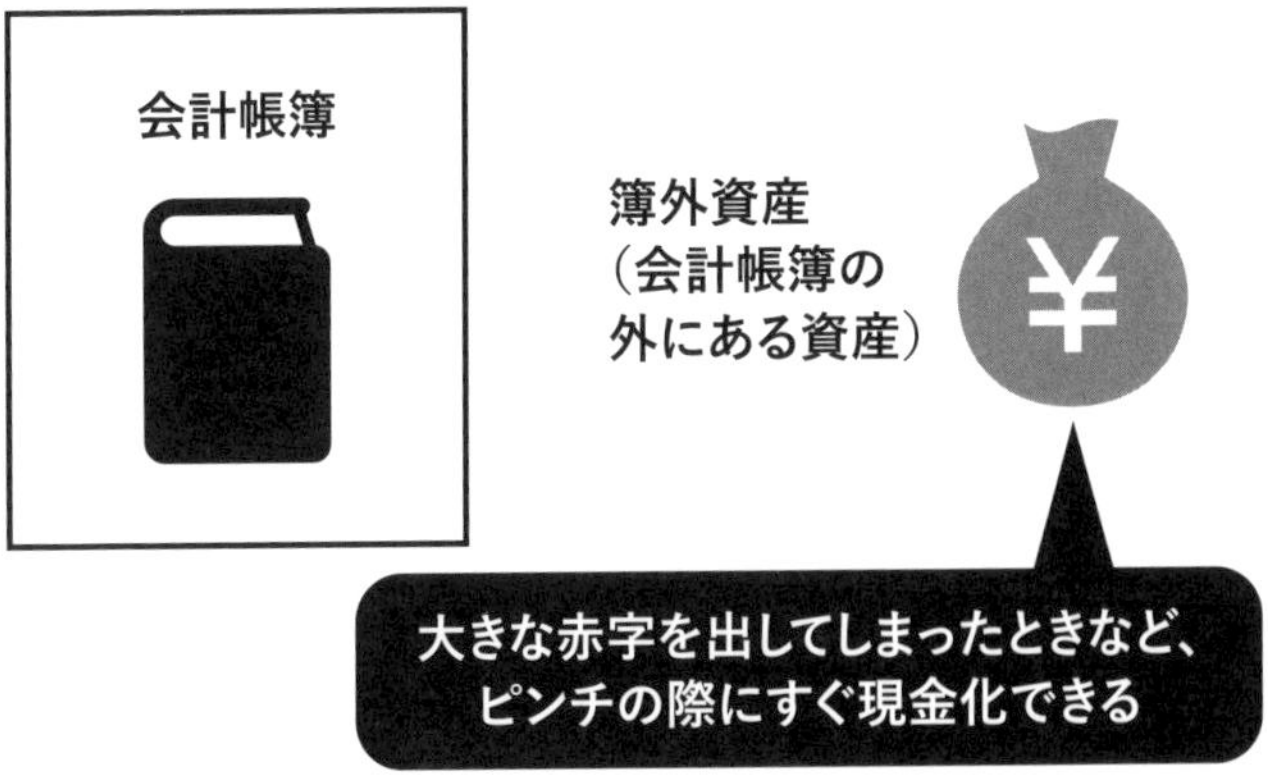
会計帳簿
簿外資産
（会計帳簿の
外にある資産）
¥
大きな赤字を出してしまったときなど、
ピンチの際にすぐ現金化できる

【800万円まで】節税の王道！　経営セーフティ共済

800万円までの簿外資産をつくる方法としてオススメなのが、経営セーフティ共済です。第1章でも詳しくご紹介しましたね。「節税するならまずはこれ」といえる、まさに王道の手法です。

「手堅く確実なだけに、絶対に覚えておきたい節税策です」

もう一度おさらいしておきましょう。

経営セーフティ共済では、支払う掛金を全額経費にできます。月額5000円から20万円まで加入でき、1年分の掛金を一括で払い込むこともできます。年間240万円、累計で最大800万円まで経費にできます。そして応用テクニックとして、前納制度を活用すれば、年間最大460万円を経費にできます。確実に、そして大きな節税効果が見込めます。

また、40カ月以上加入していると、解約したときに、支払った掛金が全額返ってきます。

「年間240万円までは経費になり、しかも貯まっている掛金は、決算書にはまったく載ってこないということなんですね」

「はい。だから『簿外資産』なんです。経営セーフティ共済は、国が用意してくれている特別な制度で、経費で落としたものを合法的に簿外に貯金しておけるイメージです」

さらに、会社を複数経営している場合は、経営している会社の数だけ加入できます。利益が出ていて、少しでも会社にキャッシュを残したいと考えている企業は、ほぼすべて加入しています。

【1000万円まで】ベンツを社用車に!?　中古社用車

4年落ちの中古車（正確にいえば「3年10カ月落ちの中古車」）は、定率法により、初年度に購入費用の全額を償却できます。

「初年度に全額経費にできるのはすごいですね」

「そうですよね。ただしそのためには、年度の初めに購入するのが条件となります」

「3月決算の会社ならば、4月に買うと、まるっと1年で落とせるわけですね？」

「そういうことです！」

ちなみに新車登録から3年10カ月以上経過した中古車であれば、外車でも、国産の高級車でも問題ありません。中古でもあまり値段の落ちない車もありますから、クラスによっては、購入価格とあまり変わらない値段で売却できるものもあります。

「社用車として、いい車に乗って、経費にでき、好きなときに現金化もできるわけですね！　……でもこれ、簿外資産なんですか？」

「はい。経費で落とした段階で、『決算書上は出てこない車』という資産になります。立派な簿外資産ですよ」

【1億円まで】高い建物割合が魅力！　海外中古不動産

海外中古不動産については、第4章で詳しく説明しました。

「『物件価格に対して建物割合が高い』『短期間で減価償却が可能』『資産価値が落

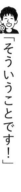

ちない』というメリットがあるんでしたね」

「その通りです」

築22年以上経過した木造建物であれば、建物部分については4年で減価償却できます。

4年で経費計上した結果、帳簿上は価値がゼロになりますが、「帳簿外には不動産を持っている」形になります。

「短期間で償却してしまったものから、毎年の賃料として収益が発生し続ける」という意味で、簿外資産といえます。

【1億円以上】一気に経費にしたいなら！　オペレーティングリース

「いよいよ、1億円を超える簿外資産の登場です。その名は『オペレーティングリース』です」

「オペレーティングリース……ですか？」

オペレーティングリースとは、航空機や船舶といった高額なリース資産を長期間にわたって貸し出し、期間中のリース料やキャピタルゲインによって利益を得る取引のことです。

オペレーティングリースでは、減価償却の仕組みを利用して、大きな利益を先送りすることができます。

「航空機を貸す……？　かなり規模の大きな話ですね」

「はい。そのため多くは、出資金だけでなく、金融機関からの借入も伴います。それも含めて、大きな損金をつくることができるんです」

ただし、それは逆にいえば、数百万円規模の経営セーフティ共済などではまかなえないような、大きな利益が出る企業に向いているということでもあります。

感覚としては、「1億円ほどのキャッシュを向こう10年使えなくても、まったく問題ない」といえるくらいの経済的体力がある会社にオススメの簿外資産です。

「活用できる会社は限られますが、活用できる人にとっては、こんなにありがたい簿外資産はないですね」

「そうですね。1億円を超える利益を、十数年後に繰り延べられるわけですから。私の顧客でも、オペレーティングリースを活用している人もいます」

「へぇー。ちなみに、『オペレーティングリースを始めたい』と考えた場合は、どこに相談すればいいんですか？」

「銀行でも扱っていますが、複数の会社のオペレーティング・リースを取り扱っている業者に相談して比較検討するのがオススメです」

「そうなんですね！　ガッツリ稼ぎ続けて、経済的体力に余力が出てきたら、ぜひ活用したいですね」

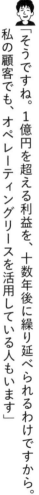

知っている人だけ得している「2大」簿外資産

①収益安定！　トレーラーハウス投資

「前項では、『簿外に貯めておきたい金額』別に、基本的な4つの簿外資産をご紹介しました。本項では『人気』の観点から、常に上位を独占している2つの簿外資産を取り上げます。簿外資産として人気がある1つ目のもの。それは……トレーラーハウス投資です！」

「トレーラーハウス投資？　また聞き慣れない単語が出てきましたね……」

トレーラーハウス投資とは、トレーラーハウスを購入し、「トレーラーホテル」というホテル事業に提供して、収益を得る仕組みです。

「そのトレーラーハウス投資が、なぜ人気なんですか？」

・1口500万円台と、取り組みやすい
・固定賃料や買い取り制度によって、収益が安定している
・固定資産税が不要

これらが人気の理由です。2020年ごろから急速な伸びを見せている投資です。

「なるほど。具体的には、どのような節税メリットがあるんですか？」

トレーラーハウスは、「被けん引車」にあたり、法定耐用年数が4年と定められています。減価償却の定率法に則ると、償却率は、

1年目：50％
2年目：25％
3年目：12・5％

4年目：12・5％

このように推移します。２年目までに車両金額の75％を償却できるのです。

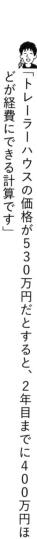

「トレーラーハウスの価格が530万円だとすると、２年目までに400万円ほどが経費にできる計算です」

「短期間で大きな額を経費にできるのは魅力ですね。簿外資産としての人気ナンバー1と言うからには、投資としても儲かるんでしょうか？」

「10年間で10％ほどの利回りが見込めます。年換算にすると1％前後ですから、決して利回りが高いとはいえませんが、節税効果と併せて考えると、人気の理由も頷けます」

「注意点はありますか？」

「トレーラーハウス事業自体、まだ始まって日が浅いため、運営しているのは設立して間もない会社がほとんどです。信用リスクや倒産リスクは常に考えておく必要があります」

「なるほど。信用できる会社か、それともブームに乗っかって始めてみただけの会社かは見極める必要がありますね」

「事前に、現状のオープン実績、稼働率、運営事業者の財務情報などを確認してみましょう」

②1年で850万円が経費！　キャンピングカー投資

「続いて、簿外資産として人気がある2つ目のものを紹介します。それは……キャンピングカー投資です！」

「キャンピングカーですか。トレーラーハウスに比べたら馴染みがありますね」

「そうですよね。キャンピングカー投資とは、キャンピングカーを購入し、レンタカーとして貸し出すことで、『レンタル料金』というインカムゲインを得る投資方法です」

「お金はどれくらいかかるのでしょうか？」

「キャンピングカーは中古での取引が多く、価格はだいたい850万円前後です。中古の車両は法定耐用年数が短くなりますから、車両によっては初年度に100％償却できます」

「850万円が1年でまるまる経費になるんですね！　これは大きい！」

「ただし、償却費は月数で按分計算することになります。年度の半ばに買うと、経費に入れられるのは半分だけになってしまいます。もしも全額を経費にしたいのなら、年度の初めに購入するのが大前提です」

また、キャンピングカーは、年数が経過した車体でも値落ちしにくいのが特徴です。８５０万円で購入したキャンピングカーが、４年後には６００万円前後で売却できることもザラにあります。その４年間にレンタル料を得ているわけですから、収支はトータルでトントンか、ちょっとプラス。利益を４年繰り延べられていることを考えると、得られるメリットは大きいといえるでしょう。

「キャンピングカーを売って得たお金は、役員退職金や設備投資といった大きな支出にあてるか、また新たなキャンピングカー投資をしてさらに繰り延べるかを選べばいい、と」

「そうですね。利益を繰り延べるだけでは節税にはならないことは、第４章でもお伝えしました。出口対策は常に考えておく必要があります」

第6章

税務署も諦める！「お金を守る」鉄壁マニュアル

税務調査に入られやすいのはどんな会社？

税務署が注目する9つのポイント

「先生、節税対策をしていると、怖いのが税務調査ですよね。本書でご紹介しているのはすべて合法の節税対策とはいえ、『税務調査』という響きそのものにどうしても恐怖心があります」

「気持ちはわかります」

「税務調査の調査先は、ランダムに決められているんですか？」

「周期的に入っている場合もありますが、何らかの指標をもとにあたりをつけ、決算内容に問題がありそうな会社を狙い撃ちしているようです」

「完全にランダムってわけではないんですね」

「税務署も忙しいので、『ランダムに選んで調査に入った結果、不自然な点は何ひとつなかった』というのは避けたいのでしょう」

「なるほど。では、税務調査に入られやすい会社の傾向を教えてください！」

「わかりました！　全部で9つの着目ポイントがあります」

①設立して3期以上経過した会社

税務調査では通常、少なくとも過去3期分は調べます。逆にいえば、法人設立直後から3期経つまでに税務調査が来るということはそうそうないということです。ただし、大きな利益が出ている会社では、3期目に入ったところで税務調査がやってくる場合もあります。

「3年に1回」のスパンで税務調査が入る会社の特徴

②前回調査から3～5年以上経過している会社

税務調査は、3～5年を目安に行われやすい傾向にあり、その周期についてはいくつかパターンが存在します。

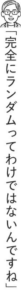

過去の調査で悪いことが発覚したり、調査員の印象が悪かったりする場合は、「3年に1回」といった短い周期で税務調査がやってきます。

一方、前回調査が入ったときに軽い指摘だけで終わった会社は、5年ほどの間隔を空けて税務調査が来ることが多くなります。

「私の経営者仲間で、起業してから10年近く経つのに、まだ1回も税務調査が入ったことがないという人もいますよ？」

「そのような会社は『長期未接触』の会社と呼ばれます。おそらく、売上や経費などのデータにおおむね異常がなく、かつ企業の規模もそれほど大きくないのだと思われます」

税務調査は通常、数日かけて行われますが、「長期未接触」の会社は、状況を確認する意味で、1日だけの調査となることもあります。

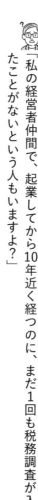

③過去の調査で追徴課税を支払った会社

私的な交際費をたくさん使っていたり、売上を抜いていたり、架空の経費を申告していたりした事実があり、しかもそれが意図的だと判断された場合、その後の是正状況を確認する意味でも、定期的に調査が来ます。

「加えて、これは完全に調査官の主観によるのですが、いかにも『この社長……やってそうだな』という雰囲気が漂っていたり、調査官の心証が悪い場合も、定期的に税務調査が入りやすくなります」

「調査官も人間ですからね」

「そういうことです。調査を受けた場合、最終日に調査官の指導が入ります。そこでの心証がよくないと、『本当に改めているか』の確認のため、短いスパンで調査が入る可能性が高まります」

「調査の記録は、別の調査官にも引き継がれるんですか？」

「はい、調査官は毎回替わりますが、調査のときには必ず、メモも議事録もとっています。過去の指摘はすべて税務署に残っているんですよ」

④売上は伸びたが利益が減った会社

売上が増えると利益も増えるはずなのに、逆の傾向にある場合は、いかにも怪しいと疑われます。利益を意図的に圧縮し、税金をごまかしているのではないかととられるのです。

なお税務署は、一社単位での申告書類の整合性・妥当性だけでなく、同業他社との比較も行っています。

同じくらいの会社規模・売上規模の同業他社と比べてあまりにも利益が少ない場合は、「裏に何かあるのでは?」と思われてしまうのです。

「儲かっている会社」のココが見られる!

⑤黒字の会社

税務調査官には調査のノルマがあり、効率よく多額の税金を取りたいと考えます。

しかし会社が赤字では、多少の修正があったところで、取れる税金は「均等割の7万円だけ」ということもあります。つまり、かけた時間と労力に見合わないと考えられやすいのです。

一方で、売上規模が大きく、かつ黒字の会社であれば、修正があったときにより多くの税金を徴収できますから、定期的に調査が入りやすくなります。また、前年度と比べて売上が急激に伸びている会社も目を付けられやすいといえます。

「実は、税務調査が入る法人のうち、9割は黒字といわれているんですよ」

「ということは……赤字の場合は税務調査には入られないんですか？」

「決してそんなことはありません。あえて赤字にして税金を払っていない会社は、調査をして指摘材料が見つかれば税金を取りやすくなりますから、かえって税務調査に入られる傾向にあります。とくに、ギリギリの赤字が何年も続いている会社はやっぱり怪しいですよね。結局のところ、税金を払っている、払っていないが大きいといえます」

「むしろ適度に税金を払っている会社のほうが、税務調査に入られにく

税務調査は黒字の会社だけ？

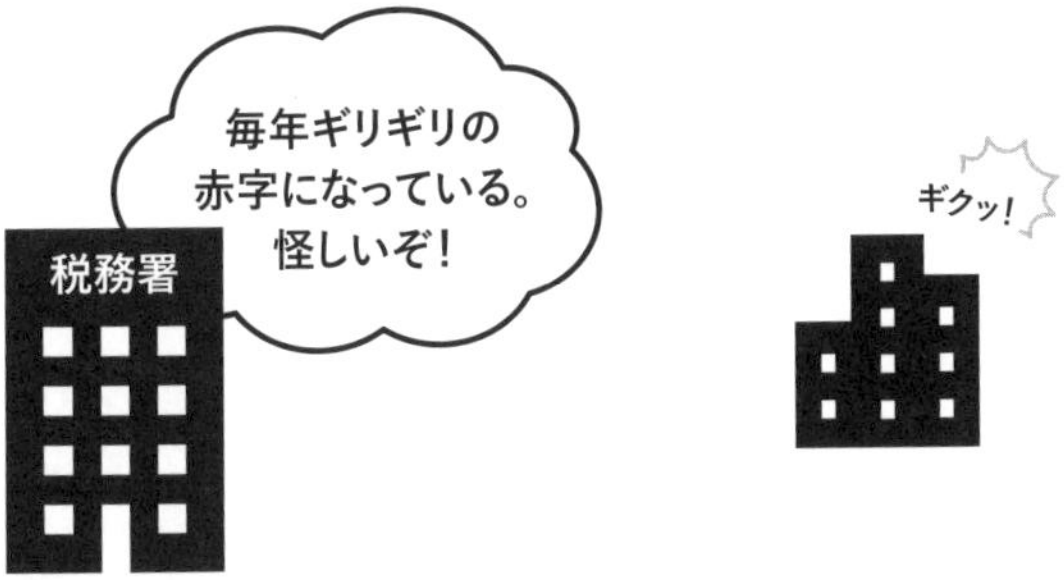

毎年ギリギリの
赤字になっている。
怪しいぞ！
税務署
ギクッ！

怪しい動きがあれば、赤字の会社でも行われる

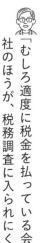

いということですね」

「そういうことです」

「税金の還付」をした後は要注意！

⑥多額の還付申告をした会社

税金の還付を受けるための申告は、原則的に調査対象になります。

消費税の還付申告や法人税の繰戻還付の請求などを行う場合は、調査が来るつもりで準備しておいたほうがいいでしょう。

「そうなんですね。確かに『繰戻還付の請求をすると税務調査が入る』という噂を聞いたことがあります」

「その噂は一理あります。ただ、『還付請求があった場合には、内容について調査をして結果次第で還付します』という意味合いですから、過去の会計処理にやましい点がなければ、過剰に恐れることではありません。調査といっても、電話だけですむこともあります」

⑦経費項目が大きく変動している会社

売上は前期とほぼ変わらないのに、何かの費用だけ突発的に増えている場合、やはり目を付けられます。

「具体的には、どのような費用の伸びが目を付けられますか？」

「主に交際費、外注費、広告宣伝費、給与、退職金ですね。仕事に関係のない交際費による経費の水増しや、架空の外注費・人件費などは、税金逃れの常套手段です」

「かなり細かく調べられるんですね」

「そうですね。また、そうした費用を決算期末に慌てて計上した場合は貸借対照表に『未払金』『買掛金』など負債項目が増加します。そして税務署が勘定科目内訳書を見ると、不自然に増えている取引先などがあることが多く、その場合は質問されたり、根拠資料の提出を求められたりします」

「なるほど。それらの数字が突然増えていると、異常値として目を付けられてしまうんですね」

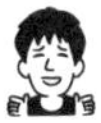
「税金の申告をしたとき、税務署側でデータベース管理をしています」

「そのデータベースで異常値が発見された場合に、調査が入るわけですね」

「そういうことです」

税務調査に入られやすい業界とは？

⑧特定の業界の会社

「税務調査に入られやすい業界」というものが、現実に存在します。

具体的には、病院や不動産、飲食、建設業、ＩＴ関係、パチンコ、風俗などがそれにあたります。

要因はそれぞれですが、とくに飲食店や水商売、土木関係などは現金を扱う業種が多く、売上をごまかしやすいとマークされていると考えられます。

また、ネットビジネスの場合は、取引記録がネット上に残っているために調査しやすいのも、税務調査に選ばれやすい要因でしょう。

⑨内部告発があった会社

最後は、従業員や関係者からの内部告発や、匿名の情報提供があった会社です。

「いわゆる『タレコミ』ですね？」

「その通りです。タレコミの中には、単なる嫌がらせや、ねたみ・ひがみによる言いがかりにすぎないものも多いようですが、たとえば元経理担当の人から内部資料の持ち込みがあったり、元愛人からの詳しい情報提供があったりした場合は、信憑性のある情報として調査につながることもあるようです」

「さて、ここまで9パターンの『税務調査に入られやすい会社』をご紹介いただきました」

「はい。いずれにしても、税金から逃れるためにハチャメチャな策をとると、税務署に目を付けられて、かえって多くの税金を払わなければならなくなる、ということですね」

「気をつけます！」

税務調査で指摘されやすいポイント14選

税務調査ではどんなところを突っ込まれる？

「税務調査に入られやすい会社はよくわかりました。でも、前項で紹介していただいた会社以外でも、税務調査に入られる確率はゼロではないんですよね……？いざというときのために、税務調査で指摘されやすいポイントを教えてください」

「任せてください！」

①売上の期ズレ

最もよく見られるのは、売上の期ズレです。

納税額を減らすため、売上の一部を決算日以降に発生したように処理する企業があります。このような不正申告を許すまいと、税務調査では「売上の期ズレ」は徹底的にチェックされます。

正直な申告をすることは大前提として、売上を立てる時期の基準を明確に立てておくことが大切です。

また、意図的ではなくても、売上の計上漏れは実務上よく発生しますので、念入りに確認してください。

たとえば、締日が影響して把握が遅れる場合です。12月決算の会社で、売上集計を20日締めで実施しているときに、12月21日～12月31日の売上が翌期で計上している場合があります。

他にはクレジット売上取引がある場合に、12月売上の入金日は翌期になるので、入金があったときに売上計上をしていると「売上計上のタイミングが違う」と調査官から指摘を受けます。

会計事務所の担当者が、締日や売上計上基準への理解が不足している場合もよくあります。情報がないと、会計事務所側も売上の期ズレの確認が難しい場合もありますので、締日情報や売上計上基準の共有は綿密に行うことをオススメします。

悪意がなくても「これ」はダメです

②仕入れや経費の期ズレ

売上の期ズレと同様、仕入れについても入念なチェックが入ります。「期ズレを意図的に起こすことによって税額を減らす」という不正が起こりやすくなるためです。

たとえば、外注先に前金で支払った金額を「前期の決算」で経費にすると、「これは、売上に対応した年度の経費にするものです」と指摘を受けたりします。

「悪意がなくとも、こうした期ズレはチェックされるんですね。気をつけます」

「経営者も会計のプロではないので、『支払ったのになんで経費にできないんだ！』と思う方も少なくありません」

「わかります」

「たとえば、何かしらの工事を受注したとして、完成品の引き渡しは来期になる場合、その工事には先に材料費や外注費などが発生し、その支払い日は売上より先に到来します。税務上、売上は来期になるので、これら工事で発生した費用も来期に計上すべき、となります」

「お金を払ったタイミングで経費にできるわけじゃないんですね」

「そうです。材料費や外注費など先に支払ったものは仕掛品や前払金などとして貸借対照表に計上する必要があります。厳密な調査官に出くわすと、工事に関わっている正社員の給与なども仕掛品計上してください、と指摘されたりします」

「それは大変ですね」

③在庫

在庫商売では、確実に在庫をチェックされます。よくある不正としては「期末の在庫表をいじって在庫を減らし、その分利益も減らし、税金も減らす」というもの。

会社としては操作しやすいため、かなり詳しく調べられるのです。

アイテム数が多い会社では、調査官がランダムに選んだ商品に絞って調査します。

その中で漏れがあれば、ほかの商品についても詳しく調べる、といった流れが一般的ですね。

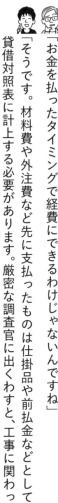

④架空の領収書

飲食店から白紙の領収書をもらい、架空の日付や金額を書いて経費にしてしまうのは、よくある不正の手法です。もちろん徹底的にチェックされます。

「やり口もお粗末なことが多く、『領収書の筆跡がすべて同じ』というケースをよく見かけます」

⑤経費の二重計上

たとえば、会社のクレジットカードを使って支払い、発行された領収書で経費精算した後に、別途カードの明細を見て、支払った額をもう一度、経費として計上してしまうケースがこれにあたります。

これは意図的な場合に限らず、経理ミスの場合もあります。領収書との突き合わせを徹底するのはもちろんですが、仮に経費の二重計上が見つかった場合は、そのままにせず修正しましょう。

「ただ、領収書を見ただけではクレジットカード払いか、現金払いかわからず、間違って請求してしまう可能性もあります。支払った直後に確実に処理するのが理想ですね」

プライベートな支出に注意！

⑥交際費

経営者なら誰もが、税金を少しでも減らしたいと考えます。そのため、経費にならないような支出でもこっそり経費へ突っ込んでみたくなるものです。

とくに交際費は、プライベートな支出でも経費として処理されている可能性が高いため、入念にチェックされます。

「たとえばどんなものが着目されやすいですか?」

「よく見かけるのは、次のようなものです」

- 親戚の結婚祝い
- 「贈答品」ということにしている自分用の買い物
- 「取引先と行った」ことにしている家族旅行
- 「接待」ということにしているプライベートの食事
- 近所のスーパーで購入した食料品費や日用品（交流会という名目のホームパー

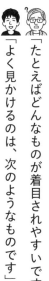

ティーや事務所備品として購入）

「会社の経費として計上したものが、社長の個人的な支出だと判断された場合は、どうなりますか？」

「個人的な支出と判断された場合には、その支出が社長への役員賞与として全額経費に計上できないばかりか、社長の役員賞与に対する源泉所得税の徴収漏れの扱いになり、さらに賞与認定されると、対象の支出は消費税も認められなくなります。トリプルパンチの課税になることもあります」

「おお……それは厳しいですね」

「ただ、もしも指摘を受けた場合は、認識の違いがどの点にあったのかを話し合い、修正すべき金額の交渉をするなどの対応はしてくれると思いますよ」

⑦売上を抜く行為

売上として計上すべき収入が、本当に計上されているかも見られます。

たとえば飲食店の税務調査では、調査官が事前に客のふりをして実際に飲食し、そのレシートや領収書を取っておいて、そのレシートに対応する売上が本当に申告されれているかを確認するといった方法で調査が行われたりします。

とくに現金商売には、売上を抜きやすい面があるため、かなり細かく見られます。

「架空人件費」がバレる理由

⑧架空人件費

多くの人が携わる事業では、架空の人件費で利益を減らそうと考える社長がいます。

たとえば、給料として支払ったことにして自分のお金にしたり、会計上の人件費だけを水増しして実際には支払わなかったりする方法がよく使われます。

飲食業や訪問介護、テレアポ営業の会社、その他アルバイトや外国人を多く使う会社や人の出入りが多い会社が、税務調査に選ばれやすい業種です。

「どのようなところがチェックされるんですか?」

給料を現金で渡していたり、履歴書を保存していなかったりすると、確実に疑われます。ほかにも、実際に座席表を見たり、社員名簿を見たりするケースがあります。

その中に、社長の配偶者や家族の名前があると、やはり疑われます。

加えて、タイムカードを使っている会社では、過去のタイムカードの提出を求められることがあります。提出されたものを並べて「出社時刻と退社時刻が一緒の人はいないか」「まったく同じようなタイムカードはないか」を調べ、それが見つかるとたちまち、追及が始まります。

⑨外注費

外注費は、次の3つのポイントで見られます。

- **架空の外注費はないか**
- **本来は給料にしなければいけない外注費はないか**
- **源泉所得税が引かれていない外注費はないか**

また、「これは外注費として計上すべきものである。社員に支払っている給料ではない」と主張する場合は、「社員ではない証明」を求められることがあります。その人本人が『個人事業主として確定申告をしているか』『雇用保険に入っていないか』『業務委託契約を締結しているか』などを通して、『社員ではない』という主張をしていく必要があります。実務上は『実態』が重要になるため、142ページの基準について主張する材料にもなります。

⑩関連会社との取引

会社を複数持っている社長は、世の中に多くいます。

もちろん、業務上の必要に応じて複数持っているのであれば、問題はありません。

しかし消費税を逃れるためや、利益を別の会社に逃すためにつくったのであれば、とても危険です。

「消費税は、会社をつくってから原則2期の間は免税されます。そのメリットを狙って、業務上は必要ないのに会社をつくる社長もいるんですよ」

また、関連会社がある場合、同じ決算期であれば取引金額を照らし合わせやすいのですが、そうでないとチェックしづらい面があります。それを逆手に取り、あえて関連会社の決算期を数カ月ずつずらしている社長もいます。すると税務署は、「ここに何かしらの操作が生じているのではないか」と、躍起になってチェックします。

⑪役員退職金

役員退職金はめったに発生するものではありません。ただ、動く金額が大きく、かつ分離課税で、控除も大きく、「2分の1課税」が認められるなど節税効果も高いことから、役員退職金が発生した場合には税務調査でも重点的に調べられます。

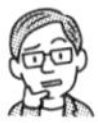

「どういうところが見られるんですか?」

まず見られるのは、その金額の大きさです。妥当な計算のもとに役員退職金が算出されているかがチェックされます。

また、「本当に退職したのか」という当たり前の部分もチェックされます。「辞めたのは形だけで、実はまだ会社の実権を握っている」ような場合は、「今の実情で退職金を支払うのはおかしくないですか」と指摘されます。

⑫役員貸付金

役員貸付金とは、会社が社長(役員)へ貸している状態にあるお金のことです。

「役員が会社にお金を借りるなんて、そんなことが可能なのか!?」と思われるかもしれませんが、可能なのです。たとえば中小企業のオーナー経営者が、プライベートで家や車といった大きな買い物をするために、一時的に役員貸付金を活用した、という話はよく聞きます。ただ、役員貸付金は脱税の温床となりやすいため、税務調査で指摘されやすくなります。

「どういうことですか？」

税務調査の結果、役員貸付金に対して契約書がなかったり、利息を計上していなかったりしているのが判明した場合は、役員貸付金として処理していた分が「役員報酬」や「賞与」としてみなされ、社長個人への所得税・住民税、会社への法人税・源泉所得税などが課される可能性があります。

⑬社屋や車両の購入

指摘されうるのは、購入した事実はあり、法定耐用年数に則って減価償却されてはいるけれど、購入した時期がずらされている疑いがあるケースです。

償却の開始期間がずれていると、費用化する部分も変わってきます。税務署はそのあたりを入念にチェックします。

「意図的にずらしやすいため、調査されやすいんですね」

⑭修繕費

修繕費でチェックされるのは、「固定資産を修繕費として処理していないか」です。

修繕費としてあがっている費用が多い場合、その内容が見られます。その修繕が、建物の価値を高めるようなものの場合は「資本的支出」とみなされ、修繕費ではなく、「固定資産の取得費」にあたると認定されるケースがあります。

「資産計上していないとダメですよ、と指摘を受けてしまうんです」

嘘をつくのは絶対にダメ！

「さて、ここまで、税務調査で指摘されやすい14項目を見てきました。最後に、税務調査で絶対にやってはいけないことを伝授します」

「教えてください！」

「それは……『嘘をつくこと』です」

「ものすごくシンプルですね」

「はい。シンプルですが、絶対に守っていただきたいことです。税務調査官は百戦錬磨です。嘘は絶対に見抜き、『その嘘の裏には何があるのか』を追及します。取り繕うためのその場しのぎの嘘が、どんどん状況を悪化させます。嘘をつくらいなら、『顧問税理士と相談して後から回答します』と答えたほうがよっぽどマシです」

「わかりました。心に刻みます」

「事業を行っている限り、誰にでも税務調査が入る可能性はあります。ふだんから経理の体制を整備し、税務調査が入ったときに説明できるようにしておきましょう」

これはやっちゃ絶対ダメ！危険な税金対策9パターン

「一線」を越えたら、それはもう犯罪

「ここまでお疲れさまでした。では本章の最後に、『絶対にやってはいけない節税策』を確認していきましょう」

「絶対にやってはいけない節税策ですか……。心して聞きます。でも確かに、税金逃れに目がくらんで一線を越えてしまったら、それはもう『脱税』という名の犯罪ですからね」

「その通りです。これからご紹介する9つの税金対策は、絶対に手を出してはいけません。ひとつひとつ、解説していきますね」

1　公私混同

公私混同とは、事業と関係のない私的な費用を経費として計上することです。

「たとえば、社長が愛人と行った海外旅行代金を出張費として計上したり、社長個人が使う高級車を会社名義で購入して計上したり……といったことですね。税務調査が入ると厳しくチェックされ、発覚するととくに大きな問題となる部分です」

「発覚すると、どうなるんですか？」

「これはプライベートな支出だよね、と経費否認され、社長への給与と認定されます。すると法人税、源泉所得税、場合によっては重加算税などが上乗せされます。そして何より、社員のモチベーションも低下しますよね」

「会社のお金と個人のお金の区別はきっちりつけなければいけませんね」

やりたくなるけど、役員への決算賞与は絶対ダメです！

2　役員への決算賞与

決算賞与とはつまり、決算期に出すボーナスのことです。従業員への決算賞与は、「事業年度終了までに支給額を全従業員に通知すること」「通知した金額を事業年度終了日の翌日から1カ月以内に全額支給すること」「通知した金額を当期の経費として処理すること」の3要件を満たせば損金算入できるのですが、役員への賞与は、原則として認められていません。これは第1章でも詳しく解説した通りです。

「役員への賞与は『事前確定届出給与』を使うのが大前提なだけに、『今年は利益が多いから自分や役員にボーナスを出そう！』っていうのは絶対にNGなんですね」

「そういうことです。届出をせずにボーナスを出してしまった場合、支給した全額が会社の損金として認められず、社長は給与扱いになるため、税負担はかえって増えます」

3　家族への不相応な給与・報酬

「法人税を減らすために社長の役員報酬を引き上げよう」というのは、社長なら誰もが一度は考えることです。しかしこれを実行すると、今度は社長個人の所得税・住民税の負担が増えてしまいます。

そこでやってしまいがちなのが、勤務実態がほとんどない社長の家族に、高額な役員報酬を支払ってしまうことです。

「しかしこのような策、税務署はすべてお見通しです。勤務実態のない社長の家族への役員報酬が否認されたケースは、枚挙に暇がありません」

「『思った以上に利益が出たけど、自分にボーナスを出しても経費にならないから、役員にしている家族の報酬を引き上げよう』作戦は通らないんですね」

4　退職金にまつわる節税

不自然に高額な退職金は、税務調査で間違いなく否認されます。退職金は、功績倍率法をはじめとする適正な方法で計算し、妥当な金額にする必要があります。

「また前項でも触れたように、代表を退いた後も実質的に法人の経営上主要な地位を占めている場合も、『名目的な退職』とみなされて退職金は否認されます。この場合は『代表者に対する賞与』と認定され、課税対象になります」

税務調査の重点チェックポイントとは？

5　意図的な売上の除外

課税対象額を減らす目的で、取引の売上を帳簿に記載しないことを「意図的な売上

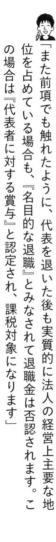

の除外」といいます。税務調査で重点的に調べられる項目です。税務署はプロですから、このような「誰もが思いつきそうな悪事」は、高い確率でバレます。

「これも、現金商売の人はとくに気をつけたいところですね」

6　架空の経費計上

存在しない経費を計上することです。「白紙の領収書をもらい、都合のよい日付と金額を書き込んで、会議費や交際費として計上する」といった行動が一例です。

「また、経費として認められる可能性が低いものを計上することも、架空の経費計上に含まれます。これをやると、追徴課税のリスクが高くなります」

7　二重帳簿

「二重帳簿……いかにも香ばしい響きですね」

「はい。これはいわゆる粉飾決算です。実際の取引内容を記録しておく会計帳簿のほかに、脱税や粉飾決算用の裏帳簿を作成し、都合のよい数字を税務署に申告し

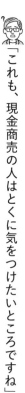

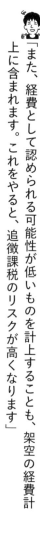

て税金を減らしたり、銀行に提出して融資を取り付けたりすることをいいます。規模によっては逮捕もありえます」

8 ペーパーカンパニー

「引き続き、香ばしい響きの言葉が出てきましたね」

「そうですね。ペーパーカンパニーとは、登記上設立はされているものの、事業活動の実態がない会社のことをいいます。ペーパーカンパニーをつくると、理論上は法人税や消費税の負担を減らして、交際費を余分に計上できます。そのため、設立を画策する人が後を絶たないんです」

「なぜペーパーカンパニーをつくると、法人税や消費税の負担が減り、交際費を余分に計上できるようになるんですか？」

●法人税を減らせるメカニズム

ペーパーカンパニーと本社とで利益を分散します。すると、「資本金1億円以下かつ課税所得800万円以下」の法人に適応される法人税の軽減税率を活用でき、税負担を減らすことができます。

●消費税を減らせるメカニズム

ペーパーカンパニーと本社で売上を分散すれば、両社とも課税売上高が１０００万円以下の免税事業者として消費税の納税が不要になる可能性が高まります。また、商品の仕入れをペーパーカンパニーが実施し、その商品を課税事業者の本社に通常より高く販売し、本社が通常価格でその商品を転売する、という手口もあります。

●交際費を余分に計上できるメカニズム

法人は１社につき８００万円まで交際費が認められています。ペーパーカンパニーを設立すれば、２社合計１６００万円分の交際費が計上できることになります。

「しかし当然のことながら、節税目的だけでペーパーカンパニーをつくり、税金逃れをするのは脱税です」

最もシンプルだけど、絶対やってはいけないこと

9 無申告

最もシンプルで、ありがちで、かつ絶対にやってはいけないこと。それが「無申告」

です。文字通り、税金を申告しないことをいいます。

「なぜ、無申告の人がいるんですか？」

「税務調査は、申告している内容に虚偽やミスがないかを確認する目的で実施されます。この事実をひねって考え、『申告自体をしなければ、税務調査は来ない』と考える人が一定数いるんです。また、とくに個人事業主の中には、単に『面倒くさいから』と申告を行わない人もいます。しかし、収入を得た取引先や顧客が申告をしていたり、税務調査を受けたりした場合、そこからバレることになります」

「バレたらどうなるんですか？」

「発覚すると、納税額にプラスして延滞税や無申告加算税が課税されます。テレビや新聞でニュースとして報道されれば、社会的な制裁も受けることになります」

「なるほど……。ここまでの9項目を総括すると、やはり『やってはいけないことは、やってはいけない』というシンプルなひと言に尽きますね」

「そうですね。だからこそみなさんには、第1章〜第5章でご紹介した『合法的な節税策』を活用していただき、会社と社長であるご自分に1円でも多くお金を残していただきたいと考えています」

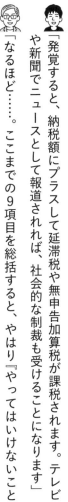

おわりに

「お金を守る」ために欠かせない、3つの心がまえ

本書の冒頭で、著者である長谷川と黒瀧は「3つのテーマ」を提示しました。

テーマ①　節税して会社に1円でも多くお金を残し、設備や人員への投資をはじめとした「さらに利益をあげ、会社を大きくするための施策」を打ちやすくする

テーマ②　節税して社長個人に1円でも多くお金を残し、万が一のときに会社と共倒れにならない資産の基盤をつくると共に、勇退時の潤沢な退職金の準備をする

テーマ③　潜在的な内部留保を増やして、突然の赤字や不況に備える

「3つのテーマ」に共通しているのは、「お金を守る」という行動です。

「お金を守る」とは、言い換えれば「会社を守る」ということ。従業員とその家族、そして自分と家族の生活を守り、取引先との信頼関係を守ることです。

本書の「おわりに」では、「お金を守る」ために欠かせない、3つの心がまえについてお伝えします。

「お金に追われる経営」のつらさ

まず、著者のひとりである長谷川の個人的な経験からお話しさせてください。

私は友人とお金を出し合い、小さなマンションの一室で起業しました。

事業は、投資セミナーの運営です。一時はお金が底をつきかけ、次のセミナーを開催する余裕すらもなくなりかけるピンチもありましたが、現地でセミナーを受講できない人に向けて、セミナーのビデオテープを販売するビジネスがヒットし、難局を脱します。私たちは事業を法人化することにし、私は代表取締役社長に就任しました。より事業を拡大すべく、従業員も雇いました。

しかしほどなく、売上は頭打ちに。毎月の集客と売上を確保するだけで精一杯の日々に突入しました。

常に、赤字の危機にさらされていました。「今月はなんとか売上が立った。でも、来月はどうしよう……」と不安に駆られ、眠れない日々が続きました。

当時の私は「黒字を出すことが至上命題」「赤字を出しさえしなければいい」とだけ考えていました。

私の経営はいつの間にか、起業当初に持っていた志を実現するものではなく、毎月の売上に追われ、ただ資金繰りを行うだけのものになっていきました。

従業員の心も、生活も疲弊。そして……

そんな中、共同経営者だった友人たちとの内紛が勃発します。彼らはひとり、またひとりと会社を去っていきました。事業を拡大するために雇ったはずの従業員も、ほとんど定着しませんでした。

「一生懸命にやっているのに、なんでこんなになっちゃうんだろう」と、もどかしい思いを抱えていました。

ある日、従業員のほぼ全員から、「合宿」と称して呼び出しを受けました。そこで私は、激しく糾弾されました。

「給料が安い」「従業員とのコミュニケーションがなってない」「労働環境がきつすぎる」「言われたことを、わけもわからずやらされているだけで、やりがいがまったくない」……ぼろくそに言われました。

反発の感情と、「従業員たちにそんな思いをさせていたのか……」という不甲斐ない感情が入り混じり、涙が出ました。

お金に追われる経営は、当然のことながら、従業員に無理を強いることになります。

すると、従業員の心も、生活も疲弊します。

そのような会社から、お客様のことを考えた商品やサービスが生まれないのも当然でしょう。私を含めてみな、自分のことでいっぱいいっぱいだからです。お客様は離れていき、経営はさらに苦しくなります。

会社を救った「3つの心がまえ」

そこで私は、起業時の初心を思い出し、

①自分自身の夢や目標のために事業を行うこと
②顧客を大切にし、信頼関係に基づいた事業を行うこと
③従業員が人間的にもスキル的にも充実し、成長できる事業を行うこと

この3つを誓いました。その上で、稼いだお金はこの3つの目的のために正しく使おうと決意しました、
お客様には商品を売りっぱなしにせず、商品に対する感想や、どのような要望・ニーズがあるのかを徹底して聞き出すよう心がけ、信頼関係の構築を目指しました。

社内ではミーティング等のコミュニケーションを重視。ざっくばらんに意見を出してもらい、業務の効率化・合理化について、徹底的に話し合うことにしました。効果は、徐々に現れました。少しずつ収益が安定し、その月の事業計画を立てやすくなりました。業務も、いい意味でシステマティックに整えられるようになり、従業員の労働環境も改善していきました。

業績が安定したことで、銀行からも信頼してもらえるようになり、融資も1・5％未満の低い利率で受けられるようになりました。

こうした経験を経て、お金に対する考え方が180度変わりました。

稼いだお金は、会社全体の「努力の結晶」

お金に追われる時期を乗り越えたら、お金に対する執着が少なくなるかと思いきや、お金を今までよりはるかに大事にするようになったのです。

お金に追われるのではなく、お金を活かそうと強く思うようになりました。

お金を稼ぐのは、とても大変です。

自分ひとりの努力だけではどうにもならず、従業員の助けも必要になってきます。稼いだお金は賢く使わなければいけません。

お金を賢く管理し、お金を増やし、お金を有効活用することが「会社を守る」ことにつながります。

本書には、お金を守り、活かすためのありとあらゆる策を、著者である長谷川と黒瀧の2人で記してきたつもりです。

きっと多くの経営者の方が、私などよりも、もっと大きな経験をされ、大変な時期を乗り越えて、今の会社を作り上げてこられたはずです。

だからこそ、目先の税金を減らすことだけに惑わされず、そうやって稼いできたお金を心から大事にしていただきたいと願っています。

最後までお読みいただき、ありがとうございました。

あなたの会社が、そしてあなたの人生が、より豊かになりますように。心からお祈りして、筆を擱《お》くことにします。

2023年10月

長谷川桂介　黒瀧泰介

著者プロフィール

長谷川 桂介（はせがわ・けいすけ）

ファミリーコンサルティング株式会社代表取締役。

大学卒業後、日本電信電話株式会社（NTT）入社。法人営業部にて、国立研究開発機関及び国立大学のシステム入札案件に従事。その後、フランチャイズの経営コンサルティング会社、ベンチャー・リンクに入社。店舗経営支援コンサルタントとして、青森から佐賀まで全国15店舗を担当し、実績を残す。その後、「お客様のキャッシュの最大化」を事業理念とするファミリーコンサルティングを創業。コンサル実績は1800社超え。経営者として投資や節税、資金調達、事業売却（M&A）など法人の財務に関する実務を経験してきた企業財政のエキスパート。自身が運営するYouTubeチャンネル『社長の資産防衛チャンネル』（登録者数16万人）では、「そうそう、それが知りたかった！」という経営者の悩みを黒瀧氏にぶつけている。

黒瀧 泰介（くろたき・たいすけ）

公認会計士・税理士。

大学卒業後、有限責任監査法人トーマツに就職。国内上場企業監査に従事。その後、大手国内税理士法人にて相続・事業承継対策に従事し、筧会計事務所（現・税理士法人グランサーズ）に入社。現在は、約1200社の税務支援を行う税理士法人グランサーズの代表社員。税務顧問対応、ベンチャー・IPO支援、相続・事業承継対策など、経営者が抱える「税金とお金」のあらゆる悩みを日々解消している。登録者数16万人を誇る『社長の資産防衛チャンネル』では、公認会計士・税理士の視点から的確なアドバイスを行っている。

今日もガッチリ資産防衛

――1円でも多く「会社と社長個人」にお金を残す方法

2023年11月28日　第1刷発行
2024年1月16日　第3刷発行

著　者――長谷川桂介・黒瀧泰介
発行所――ダイヤモンド社
〒150-8409　東京都渋谷区神宮前6-12-17
https://www.diamond.co.jp/
電話／03·5778·7233（編集）　03·5778·7240（販売）

装丁――――三森健太(JUNGLE)
本文デザイン·DTP――吉村朋子
装画·本文イラスト――柏原昇店
編集協力――前田浩弥
校正――――加藤義廣(小柳商店)、円水社
製作進行――ダイヤモンド・グラフィック社
印刷――――勇進印刷
製本――――ブックアート
編集担当――中村明博

ISBN 978-4-478-11756-9